金天海

在日朝鮮人
社会運動家の生涯

樋口雄一

社会評論社

まえがき

金天海は一九二二年から一九五〇年まで日本で生活した在日朝鮮人社会運動家である。少なくとも一九五〇年代までは日本で最も有名な在日朝鮮人社会運動家であった。彼は戦前は朝鮮共産党日本総局責任秘書であり、一九二八年からは大半を獄中で過ごした。非転向であった。

戦後は在日朝鮮人日本共産党員のトップである中央委員として活動し、在日本朝鮮人連盟が占領軍から追放処分を受けた後、朝鮮戦争直前に共和国に帰国した。彼を中心にした在日朝鮮人の戦前・戦後の運動は日本社会にも大きな影響を与えた。彼の運動の精神は在日朝鮮人の生活の諸問題の解決、民族差別に対する抵抗にあった。在日朝鮮人の現実の生活課題から運動を出発させている。彼の場合、社会主義理論のみが前提にされていたのではなく、在日朝鮮人民衆が抱えている課題が最も大切なものとしてとらえられていた。在日知識人社会運動家との大きな違いである。在日朝鮮人史にとって、金天海の在日朝鮮人の生活に視点を置く考え方は、極めて重要な側面であると思われる。同時にこの視点が在日朝鮮人の圧倒的な支持を受けたのである。

本書は彼の生涯を資料に基づき正確にたどり、その実像を描こうとするものである。この理由は彼の存在が日本人・在日朝鮮人から忘れられ、歴史的な役割自体も評価されなくなっていることにある。いま、日本の朝鮮における植民地支配がどのようなものであったかを解明する必要があると同時に帝国本国内における在日朝鮮人の歴史も解明しなければならない課題であるためでもある。この金天海の研究はこうした作業のひとつである。

こうした課題に答えようとしたのであるが、まだ、これから解明しなければならない多くの課題を残している。

また、この作業は極めて困難で、私の怠慢もあるが初めての金天海についてのヒヤリングができたのは一九八八年であり、彼の故郷、韓国蔚山を初めて訪ねることができたのは一〇年ほど前のことである。まだ、彼が亡くなった共和国へは行けていない。二〇一二年秋に完全な記録ではないが自伝的記録(巻末資料参照)が見つかり、一応の区切りとして本書をまとめることができた。

これからも読者の皆さんの金天海に関する御教示をいただきながら、事実の発掘を続けていきたい。

金天海　在日朝鮮人社会運動家の生涯　目次

表紙カバー写真：水野律太資料、在日韓人歴史資料館蔵

第1章　韓国蔚山・方魚津での成長

蔚山・方魚津《パンォジン》

金天海（本名・金鶴儀）が育ったのは朝鮮南部、慶尚南道蔚山特別市内の方魚津（行政区画としては方魚里）である。となりの日山里《イルサン》も漁村で彼の母が育ち、彼も母の実家で生まれたと記録されている。日山と方魚津は歩いても近距離である。日山里は現在でも漁村の面影を強く残しているが方魚津は当時から大きな漁港があり、人の往来も多かったのである。方魚津は現在、蔚山特別市に含まれている。彼が生まれた頃は方魚津は漁業の中心地であった。後になるが漁業資本の兼松（後の大洋漁業）もこの地域にも拠点を築いていた。兼松が使用した建物は現在も一部残っている。方魚津港は東海（日本海）に面して古くから良港として知られていたのである。

現在、蔚山特別市は全市が韓国を代表する現代重工業の拠点として立地している。広大な敷地をもつ造船所、自動車工場などが立地している。この大規模工場群と住宅群に囲まれるように方魚津と日山里は昔の漁村の形を保っている。方魚津は行政区分として現在は蔚山特別市東区にあり、そこにはバスターミナルを中心に海産物などを扱う店や食堂などがあり、港には漁船が泊まる堤防やその在来の造船所もある。蔚山という現代重工業の拠点としての市街からは距離もあり、別の街区を形成している地域である。この方魚津の中心地から徒歩で約五分ほど坂を登った所に金鶴儀が生まれたところとして戸籍上に登録されている住所がある。

彼の家があったのは港全体を見渡せる坂の上であった。そこは道路の拡張と区画整理があったといわれており、かつての彼の家の確定はできない（地図参照）。

金天海の家のあった方魚津里 81 番地付近
（2005 年 1 月撮影）

日本の朝鮮全土への侵略に比例するように漁業資源に対しても日本人の進出は盛んになり、方魚津も例外ではありえなかった。特にこの方魚津地域には早くから九州・四国地方の日本人漁民が進出し始め、日露戦争期には日本人漁民の基地になっていた。年々居住する日本人が増えて、日本人の住む居住区もできていた。それは彼が育ち、青年時代を通じて見聞してきた状況で、日本の植民地支配が終わるまで継続していた。金鶴儀も日本人の姿を日常的に見ながら育ったのである。当然のことながら日本人漁民と現地の朝鮮人漁民との利害が対立することもあった(1)。

蔚山方魚津と日山里

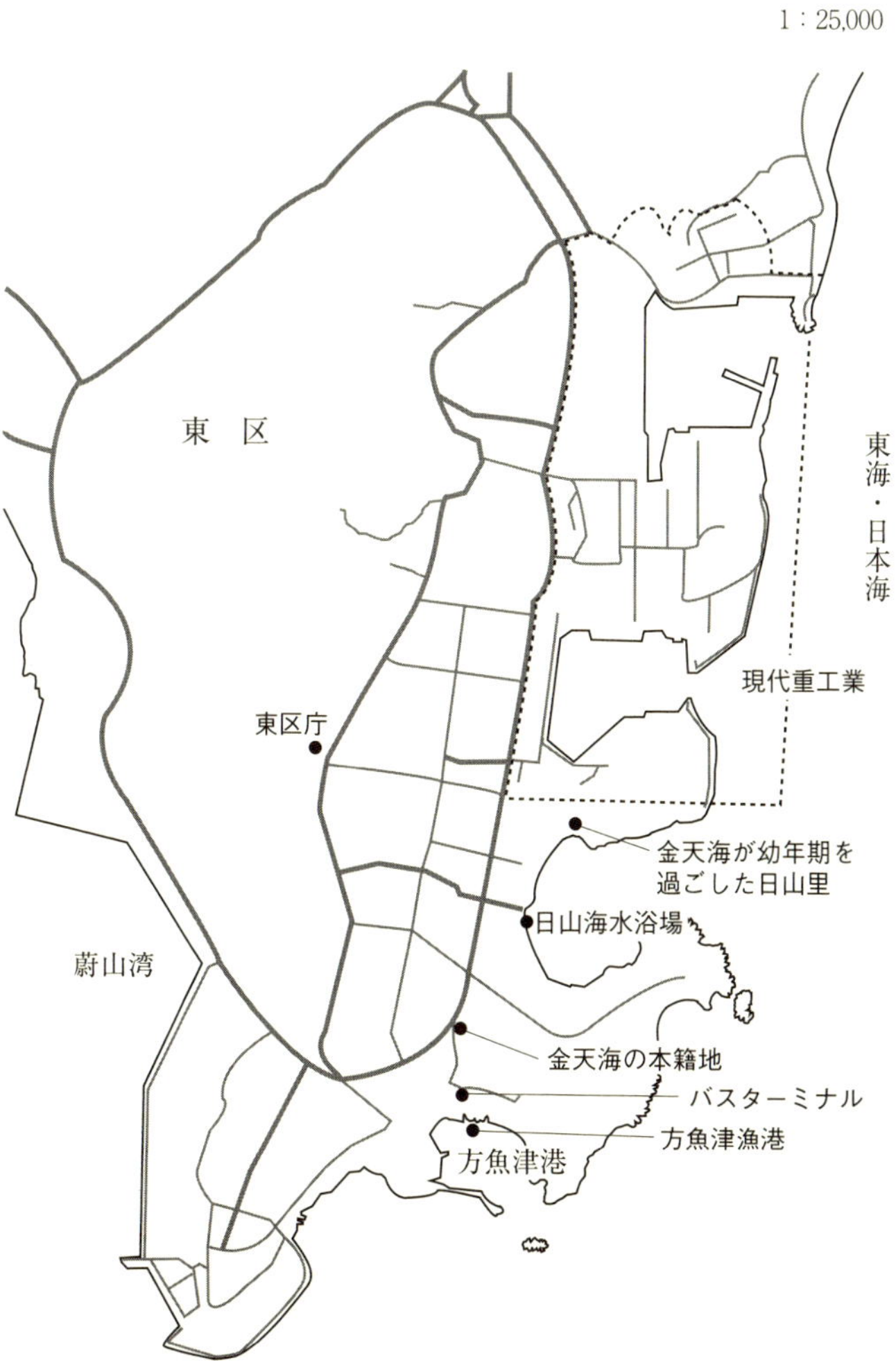
1：25,000
東　区
東海・日本海
現代重工業
東区庁
金天海が幼年期を過ごした日山里
日山海水浴場
蔚山湾
金天海の本籍地
バスターミナル
方魚津漁港
方魚津港

一八九八年に生まれる

一八九八年、金鶴儀が生まれた。この頃、日清戦争が終わり、日本は朝鮮への権益をのばそうとしていた。同じ意図を持っていたロシアと交渉しつつ、対立を深めていた。この年に日本は京城と釜山間の鉄道敷設の条約に調印し、朝鮮侵略の意図を現していた。日本は韓国内に拠点を築くために九七年には鎮南浦、木浦の居留地規則を、九九年には馬山浦、郡山浦などの開港を実施するとしていた。日本は侵略の拠点として韓国政府に開港場と居留権を要求した。日本の侵略の手は、釜山は以前から、蔚山地域にも次第に伸びていたのである。こうして彼が生まれた時には日本の経済的な進出が本格化していたのである。彼が成長していく過程は地域全体がこうした日本人の進出下に置かれていた時期と一致していた。

父母とその仕事

金鶴儀の父・金徳和は魚の行商などを行う商人であり、父の本貫地は慶州であった。父の家は温山面江口にあった（同じ蔚山市内で現在は南区内）。方魚津は半島の先端にあったが、温山面は湾を越えて対岸の地域であった。

母親は徐旦連で、長女として生まれた。本貫地は大邱である。前にも見たように自伝的記録によれば金鶴儀は日山里で生まれ、そこが母の実家であったとされているので、母は日山里に住んでいた人である。

彼は一八九八年三月二七日（陰暦）に生まれた。

自伝的記録によれば彼の家庭は「貧しい家。母は畑―父は海産物商で蔚山から釜山に通う。半農半漁」としているように貧しい家庭環境に育ったと考えられる。彼は当時、人口の大半を占めていた農民ではなく、また、地主あるいは自小作農の家で育ったのでもなかった。商人とはいえ、店を持っているわけでもない行商という程度の家であった。幼年期に育ったのは母や父親の実家であったと思われる。父母が家を構えるのは後のことで当時の朝鮮社会の中でも極めて貧しい商人階層という家庭環境のなかで生まれ、育ったのである。幼年期には大家族であったと思われる両親の家で育てられたのである。

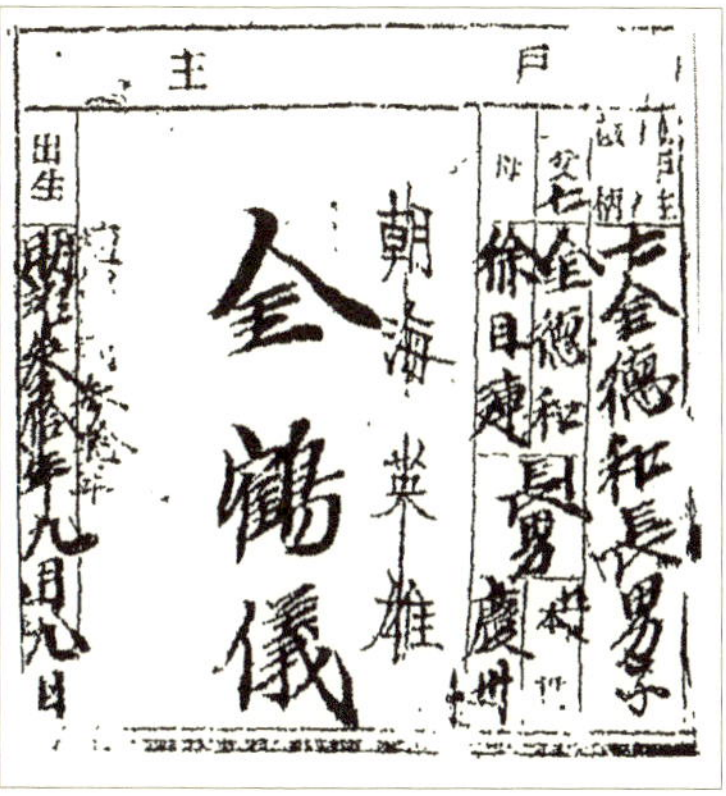

金天海戸籍簿の一部。父母名と、金天海の生年月日を示す。金鶴儀が本名。朝海英雄は創氏名で解放後に朱で消されている。金天海は創氏名を否定している。

なお、彼は自伝的記録で生まれた年を一八九八年（陰暦三月二七日）としており、ここでもこれを採用したが、戸籍簿上は一八九七年九月九日の出生とされている。こうした誤差は後に戸籍が植民地下に実施された朝鮮民事令以降に作成されたものであること、一般に乳幼児の死亡率が高かったために成長が見込めてから届けを出すというのが一般的なことであったからである。このため他の事例でも実際の出生日と届けられた日付とは相違することが多い。

また、彼は自分が「一人子　男」と書いているが、これは意識的に一人子と表現しているにすぎない。戸籍上は妹がおり、金鶴令といい、一九〇〇年に生まれている。これは自伝的な記録を書いたのが戦後であり、朝鮮南部では右派に属する西北青年団などの左翼勢力に対する抑圧があり、彼の妻も殺害され、犠牲になっている。彼が日本で共産主義者として活動していたことが朝鮮南部でも広く知られていたため「一人子」としたと考えられるのである。解放後の韓国でのこうした事情を知った上での記述であった。彼が残された親族に迷惑がかからないように配慮したものと思われる。

少年時代

現在は彼の少年時代を直接知る人はいない。また、戦後、韓国社会では共産主義者といわれた人々はパルゲンイ（アカ、赤い活動家）として厳重な処罰の対象となり、特に彼のように有名になり、北（共和国）に渡航した人については監視の対象になっていた。いまでは蔚山でも一部の研究者を除けば名前すら知る人もほとんどいない。したがって、自伝的記録によって少年時代に経験したことについて見ておきたい。

彼が育った時代はまだ日本が持ち込んだ教育制度はなく、書堂（独自な初等教育機関）があった。彼もここに七歳から通学していた。ここでは千字文など漢文教育が行われ、漢字知識は豊富に持つことができた。書堂の先生については「鞭をあてられるとよく学ぶ。我慢しないとよく学べぬと父もいう」と彼は回想している。七歳から九歳まで書堂に通ったが、釜山で海産物問屋をやっていた叔父の家からも書堂に通っていた。「新漢文」であったという。したがって九～一一歳頃までは釜山の叔父の家で暮らしていたと思われる。釜山という日本人が多く住みはじめていた所で、叔父は海産物商として店も構えていたと思われ日本人を見て育ったのである。この時期は父の一族のなかで暮らしたのである。

その後、父の実家のある温山面江口に帰った。しかし、父が魚の行商をする程度ではここでの生活は貧しく、「白い米の飯は見ることなし」という状態であった。

彼はこの頃に愛国心に目覚めたと書き、以下のような幾つかの事例を挙げている。

その一つは、日本に抵抗した儒学者で最も高名であった崔益鉉についての感想である。崔益鉉は対馬島の監獄に追いやられたが、彼は日本のものは食わずと米と塩をもっていって食べたが、これが切れて餓死を遂げた。遺体を迎えて釜山では弔旗を立て、男女が哀悼の意を表したという。彼は「かような不当な行為があろうか」と述べている。

日帝への反感がつのり、幼くして日帝打倒の心が生まれたと書いている。釜山で育つ中で崔益鉉への関心も高くなっていたのであろう。

激しかった抗日運動に参加した親族をもち、かつそれに親しみを感じ、書き記しているのである。

彼の特徴ともいえることであるが、少年時代を振り返り思い出したことのなかに、日本に抵抗した人々以外の見聞も書いている。当時の朝鮮社会の中で他にも日常的に見られたであろう民衆の姿を記憶にとどめ書き記している。

一つは父の実家にある江口での経験である。同地の金という大地主の家で働いていた「女婢」（雇用されていた女性）で粉伊という名前の人がいた。彼女は虐待に耐えかねて河に投身自殺をしたということを書きとめている。理由など詳細は書かれていないが、彼が八歳の時の話として数十年後にも記憶しているのである。民衆に注ぐ同様なまなざしがさまざまに書かれている。彼は日本の侵略に反対する義兵戦争についても同様な視点を身の回りの民衆にも持っていたのである。

義兵戦争に対する印象

義兵運動は広範に朝鮮民衆の間に広がっていたが、これについて日本軍は村落や寺院まで焼き払い、道を歩く人を殺すなどの行為があったと述べている。自身の体験として家の近所であったこととして次のような記憶を詳細に書いている。

彼によれば「金宗才は狩人として暮らしていたが雉子《キジ》をみて銃を発砲したのを見た日本の警察はこれを自分に向かって放ったといい、日本人警官はこれを義兵と言って、彼等は日本刀、ピストルを持って三日にわたってなぐりだした。これは部落の人々の前で行われたといわれている」としている。

部落の人々は洞長（最小末端行政単位の長）の音頭で陳情をして彼を釈放させたが、彼は間もなく死亡したと書いている。名前も覚えており幼かったが衝撃的な経験であったと考えられる。彼は「これを見て侵略的日本に対する反抗心はますます募った」と書いている。

この地域には大きな義兵運動が無かったとされているが、日本軍や憲兵たちによる民衆抑圧があったことを示している。同時に金鶴儀のような少年にも日本に抵抗する気持ちを生じさせていたのである。

また、彼の親族、父の祖父の弟、金戴声は東学党の乱の前から集団的に抵抗し、政府から監視を受けていたが東学軍に参加した。「人民の苦しみを救うために」一方の隊長として慶州などで活動したが、後に捕らわれて大邱の絞首台で刑死したという。年齢は二六歳であったと彼は記録している。

日本は日清戦争、日露戦争で朝鮮から外国勢力を排除して、一方では義兵運動を徹底的に弾圧し、取り締まるための軍隊を進駐させ次第に韓国政府の主権を奪う政策を実行していった。こうした準備の上で一九一〇年に「韓国併合」を強行した。

一三歳で「韓国併合」を見る

少年、金鶴儀が見たであろう蔚山での「韓国併合」時の状況を中心に自伝的記録から取り上げておきたい。これまでに日本国内では確認されていない蔚山地域の様子が分かるのである。

日本は蔚山湾に軍艦一〇隻と軍隊を上陸させ、威嚇行動を展開したのである。このことは単なる記憶というより「韓国併合」という事実を当時の韓国の人々がどう受け止めていたかを知る上で重要なので記録をそのまま紹介しておきたい。

韓国併合の時、日本は「軍艦一一〇隻は蔚山湾に現れ、軍隊が上陸して、軍艦では艦砲を放ち、上陸軍は示威行進をしてきた。そこにいた住民達は呆然として、同胞達はこれを避難して山中に入ったりした。

愛国者たちはこの光景を見てなすことがなく、拳を握って悔し涙を流し、この軍艦と軍隊を血涙をもって睨むのであった」としている。

彼自身はこの数日後「父親達と共に祖父母の墓「伐草」にでかける途中で国王と日本天皇の布告し、「日韓併合」の事実を知り、人民は老若男女を問わず袖を濡らしたのであった」として、一三歳の子どもであったがこの光景を見て慟哭したと書いている。

「韓国併合」以降、朝鮮人の生活は困難となり、日本人による収奪は激しくなったとして、日本人のすべてが兼業として高利貸しをしないものはなかったという。同時に日本人の漁業労働者は貧しかったという感想ももっていた。日常的に見ていた日本人たちの振る舞いと韓国の日本への併合という事実は少年ではあったが大きな衝撃となったと考えられる。日本人との関係は直接、彼の生活を揺るがすこととなる。

方魚津に建てた家を失う

彼は併合前の一一歳の時に父の実家にある温山面から方魚里に移転した。父親が家を建てたのである。戸籍上の家の所在地である。父は家を建てる金が無く、蔚山の灯台守の岡田という日本人から金を借りた。一五円を借りたのである。利子は一円、一月五銭であったがこれが数年たたぬうちに四〇〇円になった（数字は記録のママ）。借金の保証人になってもらった叔父にも迷惑がかかるのでさらに四〇〇円の借金をしたが返すことができずに結局は家を出なければならなくなった。それで「一家は離散した」としている。親戚などの家にそれぞれが引き取られたのである。家を無くしてからどこにいたかは明らかではないが父母の実家などに住んでいたと思われる。青年期に交流の深かった母の実家である日山里にいたとも思われる。生きる道を自分で探さなければならなくなった。彼が選択したのは僧侶への道であった。

どのような伝手で寺に入ることができたかは明らかではないが簡単ではなく、親族などの紹介であったろう。

一六歳から三年間を智異山・霊源寺ですごす

「寺に入れば勉強もできるし、仏教をもって何とか祖国を救う道はないか、とそこに入ったのである」としているように、食の保障もあり、勉強もできると考えていたのである。この時、一六歳であり、仏教をもって新しい世界が開けると考えられていたのである。彼は智異山・霊源寺に入山し、一九歳までの多感な時期をここで修行した。入山した時には、まだ、ソウルの新しい動向に関する知識はなく、蔚山の日本人の動きからは遠いところに位置していたと考えられる。この段階では彼は日山里の書堂教師などの影響を受けていたと考えられる。一三の時に「韓国併合」下に日本の教育体系ができるとそこに行かないようにという運動があり、かつ、父親も日本の学校に行くことについては反対をしていたということもあった。入山することについては父母も反対することはなかったと考えられる。

霊源寺への入山については通度寺であるという説(2)もあるが、ここでは蔚山から遠い、智異山・霊源寺に入ったとする自身の自伝的記録に依拠する。

霊源寺のある智異山は韓国の有名な山で霊源寺は海印寺の末寺であるとされている。霊源寺は慶尚南道咸陽郡馬川面にある。馬川面事務所のある所から寺にいく途中までバスの便があるといわれていたがバスはなく、馬川面で下車してからも人家が全くない山道を相当歩かなければならない。当時は遠くの咸陽から徒歩で歩かなければならなかったと思われる。寺は山の急斜面に建ち、現在の建物は一九四八年にパルチザン運動のなかで焼失し、再建された姿である。現在の規模は本堂と僧坊のみである。

彼がいたころの写真はないが、残されている一九三八年の写真では規模も大きく、僧も多数いたと考えられる。

現在の霊源寺（2013年5月撮影）。

金天海がいた焼失前の霊源寺。1938年の写真。

かつて塔頭があったと考えられる場所には土台と思われる基石がいくつか置かれていた。寺の周りは厳しい斜面になっており、現在は日曜日に登山客が寺を通過して山頂を目指すコースになっている。

ここで彼は多感な時代を過ごすことになったのである。

霊源寺では「白高僧」の弟子となったという。ここで彼は新しい知識を身につけることができたと考えられる。多くの仏教関係の人物にも接することができた。

そこで彼が印象深く語っているのは仏教の経典のことでも、仏像のことでもない。書物については『越南亡国史』『ポーランド亡国史』『フランス革命史』やイギリス、アメリカなどの万国の興亡史、『中国興亡史』を熟読したというのである。書名は正しいとは思われないが日本ではヨーロッパ、アメリカの各国史などは開国直後から自由民権運動が展開された時期まで翻訳あるいは原書が購入され、広く良く読まれていた。朝鮮でもこうした書籍は読まれていたと考えられる。しかし、この寺には一九〇〇年代に入り紹介され始めていた社会主義関係文献があったとの記録はない(3)。

さらに、自伝的な記録には、この寺には義兵や総督府に追われているような人も逃れてきていたと記録されており、そうした人々との接触からの影響もあったと考えられる。

修行僧であったから寺の仕事もこなし「成績は優秀」で将来を期待されて、仏教界で高い地位に就くといわれていたという。寺では掃除、飯炊き、使い走りや「京城」に使いにもいっていたという。

しかし、一九歳頃から寺にいることに疑問を感じ始めた。僧侶の生活は民衆のそれと離れており、上層部の僧侶の一部は総督府の官吏に対して従属しているような態度であり、「民族を売る」態度に疑問を感じたのである。仏壇の上には「天皇陛下聖寿万歳」の位牌があったという。正月一日には三十六本山の住職たちが総督府と天皇崇拝行事をしていたと証言している。一部には総督府の政策に抵抗する良心的な僧侶もいたが大勢は総督府政策に抵抗していなかったと思われるのである。当時の仏教界は全体的に見れば「守旧的」であったと思われる。そこに安住することに耐えられなくなった彼は寺での三年間の修行を捨てて故郷に帰ったのである。現在の霊源寺には白高僧の記録や金天海という僧名を記した記録・原文書は焼失し、一切残されていない。寺の再建後に調べた調査書が保存されていると寺で伺ったので再訪することとした。

故郷での暮らしと三・一運動

彼は父母の住む蔚山に帰ったが、仕事のあてがあったわけではなかった。当時父親がやっていたという魚屋を手伝ったとされている。この魚屋がどこにあったかはわからない。方魚津であったと思われるが元の家のあった場所は人手に渡り、別の場所であったと思われる。方魚里で暮らしていたと考えられるが、彼は夜学の教師を徐鎮文などと行っており(4)、それは日山里である。こうした塾は母の実家があった日山里に置かれていたことから日山里でも暮らしていたとも考えられる。方魚里とは距離もそれほど離れてはいない。ただ、当時の彼はまだ、社会主義文献などを読んではいなかったと思われ、夜学では寺で読んだ各国の独立運動など紹介を行っていたとも考えられる。植民地支配下にどのようなことが求められているか、という問題意識はあったものの、明確な道筋をもっていなかった。こうしたときに一九一九年に三・一独立運動が朝鮮全土で繰り広げられた。このときに蔚山地域で具体的に運動が存在していたかどうかは、関係文献では確認できていない。彼自身も「農村にいて表面的な胎動はなかった」と記録している。しかし、さまざまな三・一運動の情報が伝えられ、弾圧されたけれどもその様子は広く朝鮮社会に伝わっていた。こうしたときに彼は結婚をする。二一歳である。当時としては遅い結婚であった。

李在今との結婚

李在今は方魚里二九九番地で暮らしていた。兄、春雨が戸主であり、彼女は一八九九年（明治三一年）九月九日生まれである。戸籍上では金天海は一八九八年（明治三〇年）九月九日生で一歳年上である。なお、生まれた月日は同じである。この戸籍簿は一九一二年の朝鮮民事令以降に作成され、月日までは当てにならない。同じ里内であり、彼女の兄と金天海は知っていた間柄であったであろう。

結婚したのは届け出書類によれば一九一九年三月七日である。ソウルでは三・一独立運動が展開され、全国に広がりつつあった時である。届けられた住所は蔚山郡東面方魚里八一―一であり、ここで子どもが二人生まれている。長女、金金山と長男、金炳渙である(5)。

戸籍上は次男が生まれているが早世している。

彼は結婚以降、足繁く日山里にかよっていたと考えられ、同地の書堂教師、ソンセビンを中心にしたグループと交流を持つことになる。

特に日山里に設立された当初、労働夜学としての学習グループ、後には「ポソン学校」という学校になった夜学で講師をしていたとされている。夜学校は一九二〇年四月に設立されている。三・一運動の影響下に設立されたといえよう。この学校には日山里周辺地域から五〇名前後が参加して、後には一〇〇名近くにもなったとされている。夜学校が存在したのは九年間で、八〇〇余名が学んだと頌徳碑には書かれている。地域での活動に展望が見いだせる可能性もあったと考えられるが、彼は新しい道を選択した。

彼は地域でのこうした活動のみでは満足できなかった。蔚山地域では日本との関係が漁業資本を中心にますます拡大し、日本人も多くなっていた。日本の支配機構も整備されて独立への展望は困難なものと感じられるようになっていた。彼は結婚し、子どもが生まれていたがその子どもを残して日本に渡る決心をする。子どもの一人はまだ妻の「腹の中」にいたという。父と母は健在で

夜学の中心になっていた성세빈（1893-1938 ソンセビン）の頌徳碑が日山里にたてられている（2012年撮影）。

あったとしても日本渡航の決断をするのは容易なことではなかった、と考えられる。しかし、その後も含めて蔚山地域からは多くの青年たちが労働者として日本に渡航していたのである。

なお、彼が蔚山にいたころに渡航の準備のために日本語を習ったという記録はない。漢文知識と朝鮮語世界で暮らしていたのであり、日本渡航は全く新しい世界への入り口に立ったと同様なものであったと考えられる。渡航準備については仏教関係者の紹介状も持参したという記録もあるが、渡航後に彼が仏教関係者と接触したという事実の確認はできていない。これらのことから、周到な事前準備等をしてからの渡航ではなかったと考えられる。

日本渡航の決心と渡航

日本渡航の決心をしたのは二三歳の時であった。自伝的な記録に見られるように日本の侵略を強く意識していたにもかかわらず、なぜ日本渡航を決心したのであろうか。

この決心をした理由を彼自身は次のように述べている。

「祖国に貢献するならば、識見を広めなくてはならず、また、敵状を知ることも出来るし、または日本の革命運動（意識）を昂揚させることの意義について確信を抱いたのは、このとき丁度日本では米騒動が起り、これは革命的であったがためになお自信を強めた」としている。

この回想的な渡航理由は多分に回想が書かれた戦後という時代を反映したものであるが、見識を広めること、社会運動について学ぶことを、当時彼が渡航の課題としていたことがわかる。結果として救国・独立のためになると考えたのである。その後の行動から第一には向学心に燃えていたこと、日本の社会状況と運動に関心を持っていたのは確かであるといえよう。まだ、社会主義的な革命運動という内容までは至らない単なる祖国の独立運動という課題に応えるための渡航であったと思われる。このためには新しい知識を学ぶ必要があり、そのために渡航をしようとしていたというのが、当時の彼の認識であったと考えられる。この時点では日本は「近代化」をして朝鮮を軍事的に支配しているという現実を眼前にしており、それに対するには新しい朝鮮の改革や運動が必要であるというような認識もしていたのではないか、と思われる。このため、日本の状況を見て新たな独立への展望を得ようとしていたのである。日本渡航の動機は救国・独立のためであったといえる。働いて家を立て直し、金を稼いで仕送りをする、日本人と対等になるような経済力を身につける、というような意味での渡航ではなかったことは確かである。農民ではない、都市下層社会に生き、仏教の修行をした知識人として選択した道であった。

一九二二年五月、家族に迷惑がかからないように身の回りのものを焼いて家を出たと書いている。「我が祖国の独立が完成しなければ死しても帰らない決心を固め」て出発したのである。

しかし、彼は朝鮮人が日本に渡航する場合、必須条件であった地元の日本警察の発行する渡航証明をもっていなかったため、洋服を買って日本人に化けて乗船したという。既に蔚山で彼は警察の証明をもらえないような存在になっていたとは思えないが、むしろ、「恩恵的」な、朝鮮人に対する管理的な日本の渡航証明制度に反発したのではないか、と思われる。なお、蔚山では彼に渡航証明が得られないような逮捕歴があったとする資料はない。また、三・一運動後に渡航管理が一時的に緩和されていたことも背景にあったとも考えられる。

一人で乗船したのである。釜山からの連絡船の船上での心境として「甲板の上で祖国を眺めたし、祖国よ、安寧たれ！　と何度も心に呟いた。独立の旗を持ってくるであろう。それまで待て」と思いながら泣いたという。興奮していた様子がわかる。

下船近くになって乗船していた警察官に証明を所持していないことが発見された。海産物商と偽っていたが、下関で下船するときに客に紛れて逃亡できたとされている。捕まれば送り返されることは明らかで大胆な行動であった。こうして波乱含みで日本へ渡航したのである。

［注］

（1）方魚津と日本人の進出については神谷丹路「日本による朝鮮沿岸地域の漁業支配の形成に関する基礎的研究――日露戦争前後の朝鮮東岸・慶尚南道方魚津を中心に」『地域文化研究』一四号、地域文化学会刊他に詳しい。また、韓国で檀国大学校東洋学研究所編『日帝強占期蔚山方魚津の人々の人生と文化』チェリュン刊、二〇一一年が刊行されている。

（2）通度寺は韓国慶尚南道にある名刹。通度寺は蔚山から最も近い距離にあり、修行に行くとすればここであったとする説もある。金天海と活動を共にした朴広海は金天海が通度寺に「上佐」（サンジャ・修行に行くこと）に行ったと記録している。「聞書き朴広海氏　労働運動について語る　1」『在日朝鮮人史研究』一九号所収、一九八九年刊による。しかし、通度寺を訪問し、同寺博物館で学芸員にこの時代に金天海の在籍について確認していただいたが、資料的には確認できなかった。同寺は規模も霊源寺と比べものにならないぐらい大きい。同寺については『通度寺』テオン社、二〇一一年版等がある。なお、前記朴広海氏はソウルにある中央学林（現、東国大学）に入学した、とするが東国大学での当時の学籍簿などでは確認できないこと、自身の自伝的な記録でも触れられていないこと等からここではふれていない。

（3）中国の社会主義者たちが初めて社会主義を知ったのは日本で刊行された福井準三『近世社会主義』一八九九年刊である。中国の初期社会主義関係文献資料紹介の始めに取り上げられている書物で、内容はサン・シモンの紹介が中心である。この文献が朝鮮で紹介されていたかどうかは確認されていない。なお、霊源寺は戦後パルチザン闘争などに巻き込まれ、一九四八年に焼失したため彼が読んだとする、当時存在した寺の古い書籍は存在しないと思われる。寺で確認したが古い書籍は全く無く、その後、寺の歴史を調べた記録があるといわれたが閲覧はでなかった。小規模な本堂が再建されているのみである。

（4）このことについては自伝的記録に夜学や研究会活動をしていたとある。韓国の徐鎮文研究論文、金ウンスル「徐鎮文先生の反日運動」でも金天海が参加したことが確認されている。また、この時期のことについては蔚山で論文「金天海と徐鎮文」が刊行されている。

（5）なお、金天海の子どもたちは、それぞれ結婚されているが、戦後、金天海とはほとんど交流がなく、また、金天海が朝鮮民主主義人民共和国に帰国したこともあり、韓国社会では評価が定まっていないことなどを配慮して、ここでは触れないこととする。解放直後の左翼活動家としての金天海評価は高く、有名になっていた。しかし、左翼活動家に対する弾圧が続いた歴史がある。筆者も一部親族にはお会いしたがご子息などとは接触していない。

第2章　日本渡航直後の動向と関東大震災

渡航直後の印象

一九二二年に日本に渡航した時の第一印象は、下関で下船したとき、立派な服装をしている人もいたが、人力車夫などと比べると格差の大きいことであったという。京都では「乞食」が多いことなども印象の一つに挙げている。渡航前までは日本は強壮な国と思っていたが貧しい人の多いのを見て日本は強くない、と感じたという。朝鮮に来て威張っている日本人だが、こうした貧富の差の大きい生活状況を前提とした社会であったことに驚いたのである。

こうした、直接感じた印象に加えて、彼が渡航した一九二二年前後の日本では労働運動や小作争議が盛んにおこり、水平社が結成（一九二二年三月）されたり、非合法で日本共産党（一九二二年七月）が創立されている。社会主義、共産主義運動が盛んになり、それらを直視することとなったのである。

また、労働組合の中央組織が結成された。朝鮮でも朝鮮総督府を爆破するという計画をしたというので「義烈団」員が逮捕（一九二三年二月）されたりしている。彼が渡航した時の日本は革新運動が全般的に昂揚し、社会各層にその影響が広まっていた時代であった。こうしたなかで渡航し、社会革新の直接的な影響を受けることとなるのである。

大阪で朴広海と会う

下関から関西までの足跡は明らかではないが、朝鮮で紹介されていた朴広海(1)と大阪で会う。以下は朴広海の記憶に残る金天海との大阪での活動を跡づけることとする。

当時、朴広海は朝鮮人経営の薬局の店員として働いていたが、会ったその日には大阪駅で寝ていたところを金天海に起こされたという。彼は朴広海の下宿に泊まり、大阪を見て歩いたという。その時に目にしたのは、朝鮮から日本に来ていた郡長や地方の有力者たちであったという。総督府が当時、開催していた「平和記念東京博覧会」を見に行くように動員していた朝鮮人たちであった。一九二二年に開催された「平和博覧会」は日本政府が力を誇示するために開催させたもので、朝鮮館、台湾館などの建物が並び上野不忍池で盛大に開催されていた。総督府は三・一運動後の対策の一つとして平和博覧会の見学を地方有力者たちに勧めたのである。大阪・東京を見学させ日本の「発展」を認識させようとしたのである。

この博覧会に向かう総督府に動員された人々が大阪に滞在していた。彼らは伝統的な「サンッ」という髪型で東京に行こうとしていた。朴広海と金天海は、それが各国の人にみっともなく、朝鮮人が独立できない民族であるとの印象を与えるので上京を阻止しようとしたのである。二人で宿泊していた旅館に行き、東京に行かないように説得し、なかには行かない人も出た。

他にきていた朝鮮人の団体にも各旅館まで行って働きかけたのである。

サンッについては当時の「近代化」肯定の一般的な傾向のなかでは、朝鮮の近代社会化を目指していた朝鮮人青年たちにとっては後れた習俗と考えられていたのである。金天海もこうした風潮のなかにいたのである。もちろん、総督府の植民地支配の賛美や肯定をしたのがこの博覧会であり、これに対する反発でもあったといえる。このサンッをめぐっては趙景達『植民地期朝鮮の知識人と民衆』有志舎、二〇〇八年、二〇四頁でも論じられているので参照されたい。

博覧会に行かせないようにした彼らの行動はすぐに警察に知れて、追求された。

金天海は追われるように東京に行く。

1922年に上野で開催された「平和記念東京博覧会」の朝鮮館。

東京・上野で下宿

当初、上野に下宿して、一日に夜間中学、語学校、図書館、博物館をまわって歩いて勉強したという。当時、東京は「アナーキズム、サンジカリズム、各地にストライキ」などが起きて騒然とした社会であった。また、実現していなかったが普通選挙運動も盛んであった。

当時、起きた朝鮮人をめぐる幾つかの問題としては東京留学生の梁権煥が独立運動の中で、親日派の閔元植(2)を殺害した事件の裁判が行われていた。金天海が渡航する前年の二月に親日派の閔元植はホテルに宿泊し、独立運動を止めて、自治運動をしようと唱えていたのである。これに反対して梁が殺害したのである。

この事件の他に李判農事件(3)があった。金天海も自身の記録に書いているように、李判農は電車の「車掌」をしていたが、日本人が彼に日常的な差別を加えて侮蔑したので耐えられなくなり、日本人を数名殺傷してまわったのである。この事件も新聞に大きく報道されていたのであるが金天海は彼を同情的に見て、侮蔑されたことを重視している。

彼が直接、読んだり、関わったと記録している場合がある。

留学生が作っていた『学之光』や基督教青年会の会報なども読んでいた。韓国語で刊行していた大衆新聞があり、内容は共産主義的な啓蒙主義で主幹は金若水(4)であった。

彼もこうした新聞や本を読んでいた。

この時期の金天海について、少し後れて東京に来た朴広海は彼の様子を次のように述べている。金天海は下谷の長谷惣一(5)という人物の家にいたと証言しているが、金天海の上野にいたという記録と一致しているので間違いはなかろう。朴は警察官に聞いて住所を知ったという。朴広海は「あの人はその時一人前の共産主義者になっていた」という。また、金天海はいろいろな本を買ってきて読めと勧めると同時に「白武、李憲」、姜石泉、『マルクス主義』というリーフレットを毎月発行していた卞熙鎔などとも交流を持っていたという(6)。彼は東京に来てから日本人社会主義者や朝鮮人活動家と親密な交流を持つようになっていたのである。同時にさまざまに開かれていた集会などにも参加していたと考えられる。

一九二三年、彼は二五歳になっていた。活動への参加の範囲は広がった。この年に明らかになったのであるが新潟信濃川水力発電所工事で朝鮮人虐殺事件が起きた。殺害して死体を川に捨てたのである。監獄部屋での暴力的な労務管理の結果であった。これが知られると東京の学生を中心に日本人を含めた抗議運動が広がった。朝鮮人虐殺事件調査委員会が組織され、彼も調査委員となった。このなかには女性も参加し、劉英俊も委員の一人であったと書いている。工事の請負者を調べた結果、リンチ、虐殺の存在が明らかになった。新聞記事にもなり、金天海の記録によれば「適当な賠償」もあったという。彼によればこの事件を契機に自分たちを守る組織として労働組合、共済組合、民族団体などの朝鮮人組織ができるようになったという。

また、東京でも「在東京朝鮮労働組合同盟会」が結成され、彼も委員の一人として活動するようになったのである。活動家としての第一歩を歩み始めたといえる画期的な行動であった。また、一九二三年のメーデーには朝鮮人も参加していたと報じられており朝鮮人労働者の組織化も始まっていたのである。

さらに、金天海は社会科学を系統的に学ぶために渡航の目的でもあった大学への入学をする。日本大学に設置されたばかりの社会科を選択して入学している。一九二三年四月から正式な学生として通学した。当時、日本大学には多くの朝鮮人が通学し、他にも社会科に入学した人もいる。

しかし、この通学は中断されることとなった。関東大震災が東京を襲い、彼も巻き込まれたのである。日本大学に通学していたのはわずか四ヶ月の間であった。

関東大震災と金天海

一九二三年九月一日正午に関東大震災がおきた。彼自身が朝鮮人虐殺の最中に置かれたのである。周知のように関東大震災では多くの朝鮮人が虐殺された。日本政府は三・一運動後の運動の昂揚、日本国内における朝鮮人運動の展開などを危険なものとして位置づけていた。日本国内では震災以前から警察による自警団体の組織化などによって在日朝鮮人が警戒対象になっていたのである。この関東大震災についてはさまざまに議論があるが、ここでは震災直後からの金天海自身におこった危機を中心に検証していきたい。

金天海は震災当時には上野下谷から本郷真砂町に移り住んでいた。本郷湯島の福寿館という下宿屋にいたとする説もあるが、ここでは本人の記録にある真砂町を取る。両者は極めて近い距離にあり、遠くない場所にあった日本大学に通学していたのである。

彼は自伝的記録のなかで朝鮮人虐殺の状況を書いた後に、次のように自身の体験を記している(7)。当時、彼が聞いたことや伝聞も記しているが、ここでは彼の経験の部分のみを紹介したい。

「私も本郷真砂町にいたが、このとき二度も捕らえられた。一度は警察に入れられていたが、警察が火災にあったので釈放された。そして小学校へ避難して寝ていたところ、警官と兵隊（着剣）の四人がきて、警察へ縄で首をしめて曳いていった。途中では石を投げられ、殴られ、熊手で襲う群衆。―そして本富士署へいったがそこには同胞がすでにいて、かれは硝子壜で顔をめちゃめちゃにされていた。この人々が無こう《ママ》な人々であったのだ。私の外四寸（従兄弟（母方の従兄弟））徐鎮文は真砂町で煙草のためのマッチをみて、放火のためだといって警察に引っぱっていゆ《ママ》き、自警団たちの手でめちゃめちゃに殴られて、血だるまとなったものである」。

彼自身が縄で首をしめられて、日本人民衆から石を投げられて、暴行を受けたのである。負傷した同胞と同郷で行動を共にしていたと思われる徐鎮文も「血だるま」にされているのである。かれは、たまたま生きることができた。もちろん、上野で虐殺された同胞のことや荒川土手の軍による多くの朝鮮人殺害のことも書いている。

彼は一定期間、警察に収容されていたと考えられるが、解放されるとすぐに実態調査と救援に乗り出すのである。虐殺調査などは戒厳令下に許されず、隠蔽されようとしていた。大半の殺害事実は隠蔽される。しかし、朝鮮人たちは「罹災同胞慰問班」を組織して活動をはじめる。彼も参加する。

同胞の慰問という名を借りて調査をしたという。慰問班があったのは大塚坂下にあった「天道教宗理院」である。彼も一員として調査にあたった。調査にあたったのは朴恩稷などであった。危険なので「毎日日本人に化けて歩いた」と記録している。遺体を探したり、数を調べ上げたとしている。彼は数字を揚げ六、〇二三名としているが、その後被殺者などについては「私は詳しく知らない」と記している。数字は別としてもかれは震災における同胞の虐殺事実をつぶさに見て歩いた。彼にとってこの調査は極めて重要な意味を持つことになったのである。

彼がこの虐殺と調査を通じて最も感じたこととして「当時の被殺者がすべて労働者であり、学生であり、金のある資産家は殆どなかった。この事件を見てもっとも悲惨な境遇にあるのは労働者達であった。特にわれわれはこれを記さねばならぬ」としている。特にこの事実をあげて彼は自身が在日朝鮮人労働者と共に歩むことを決心する。彼は渡航目的であった学問をするという課題を捨て、日本大学での学業を止めて、「専門的に労働運動に従事する」ことになったのである。労働者を団結させ、権利を守ろうとしたのである。

この労働運動に専念するという転機になったのは震災における虐殺事件であったが、それだけではなく、彼は渡航後に朝鮮人や日本人知識人から社会主義・共産主義思想を学んでいた。それを実践するという意味もあった。既に一九一七年にはロシア革命が成功し、一九年にはコミンテルンが創立され、その後、中国、朝鮮、日本に共産党が創立されていた。彼の行動にはこうした社会改革の流れのなかで労働者を中心にした社会改革という志向が一般化していたという背景が存在したのである。彼自身も「このとき私は共産主ギこそが人類を解放するものと確信した」と当時の心境を語っているのである。こうした動きを警戒していた当局は震災に続いて弾圧と懐柔を強めていき「運動者のうちの動揺者は故国へいったりして、脱落していった。だが、私は故国へも行かず、あくまで日本で労働運動をして東京に踏み留まった」のである。彼は東京・神奈川で実践運動に入ることとなる。

［注］

（1）朴広海（本名　朴琓均）　一八九〇〜一九八二・一二・四日没。咸鏡南道咸興出身。一九二〇年日本渡航。日本各地の朝鮮人労働運動に参加。特に朝鮮人を中心にした三信鉄道争議を指導したことで有名。金天海と行動を共にしたことも多い。解放後も帰国することなく朝鮮人連盟等の幹部活動家であった。渡航直後に金天海と大阪・東京で行動を共にしたことがある。

（2）閔元植　三・一運動後の日本の政策に協力しようと結成された親日団体「国民協会」の指導者。金天海渡航の前年、一九二一年二月に東京に参政権請願をするためにきていたところをこれに反対する梁権煥によって殺害され、金天海が渡航後の一九二二年にも裁判が行われていた。松田利彦「植民地朝鮮における参政権要求運動団体「国民協会」について」『植民地帝国日本の法的構造』所収、二〇〇四年を参照されたい。

（3）李判農《イパンノン》（二九歳）事件は一般的な新聞報道では、東京市電技局新宿車庫運転手をしていた李が同居人の日本人運転手夫婦など一四名を殺傷したとされる。三年越しの裁判が行われ、話題となっていた。四人の弁護士がついていたとされている。金天海は朝鮮人に対する差別に耐えられなかったのが原因であると同情的に述べているのである。

（4）金若水《キムヤクス》（本名金科全）慶尚南道出身。朝鮮の初期社会主義者、日本に渡航後は在日朝鮮人初期ボルシェヴィキ指導者、一九二二年に白武らと北星会を組織。帰国後朝鮮共産党結成に参加、解放後、共和国に入国した。

（5）朝鮮人の動静はすべて警察が把握していた。すでに警察は金天海の動向を把握していたと考えられる。どうして金天海が長谷惣一の下宿にいたかは不明である。

（6）白武《ペクム》（本名白晩祚　別名金浩）慶尚北道大邱出身。一九〇一年生。北星会、一月会等在日朝鮮人初期社会主義運動の指導者。関東大震災朝鮮人迫害調査会を結成。東京朝鮮労働同盟会実行委員。解放後は朝鮮人連盟で活動、その後、民団（在日本大韓民国居留民団）でも活動した。

李憲《イホン》　一八九五年生。白武等と在日本朝鮮労働総同盟を結成、議長などを務めた。

卞熙鎔《ベンヒョン》　朝鮮共産党の結成に係わり高津正道の暁民会に金若水、朴烈などと参加。理論家として知られていた。

金天海はこうした在日朝鮮人初期社会主義者との交流を通じて社会主義、共産主義の理解を深めていたと考えられる。なお、この時期の在日朝鮮人の状況については朝鮮総督府警務局東京出張員報告である『在京朝鮮人の状況』に詳しい。

（7）関東大震災については自身が書いたり、インタビューに答えた幾つかの文書がある。いずれも解放後に書いたものである。金秉稷編著『関東震災白色テロルの真相』朝鮮民主文化団体総連盟、一九四七年刊、解放新聞社などに見られる。いずれも短い文章であるが現在の所、この手記が最も長い文章であると思われる。本書の巻末に前記資料から「残忍極まる大虐殺陣を展開」とする金天海の談話を掲載した。

第3章　東京・神奈川での活動

労働者の街、横浜へ

関東大震災後、朝鮮人の社会運動はきびしく弾圧される。これは震災における朝鮮人殺害の事実が知られることを恐れたこと、戒厳令の施行に見られるように震災前後の社会運動を危険な存在として位置づけていたためである。普通選挙法と同時に治安維持法は一九二五年三月に成立した。以降、金天海はこの取締法の対象者として一九四五年までくらすこととなる。

東京と神奈川で活動をはじめるのであるが、当時の在日朝鮮人労働者の置かれた状況を可能な限り把握しておこう。

東京で震災直前に居住していた朝鮮人は次表の通りで、学生が半数近くになっていること、女性は極めて少ないこと、震災を契機に居住者が半数に減少していることなどが指摘できる。震災から二年ほど経過すると東京の在日朝鮮人数は一万人を超えるのである。震災時の居住地は確定できないが震

表　震災前後の東京における在日朝鮮人数

	総数	内男性	内学生
1923年6月末	5908	5504	2110
	内女性 404		内女性 105
1923年12月末	3347	3117	667
	内女性 230		内女性 41
1924年12月末	8385	7865	939
	内女性 520		内女性 51
1925年12月末	10818	10012	1487
	内女性 806		内女性 89

警視庁『在京朝鮮人月報』1926年4月刊による。

災後の区及び郡部の朝鮮人居住地は一九二六年の『在京朝鮮人月報』によって明らかになる。深川区など下町に労働者が多かったが、荏原郡など郡部にも土木労働者が多かった。職業は労働者に区分できるものが多く職工など詳細に分類されているものもいる(1)。

一方、金天海が活動の拠点として選んだのは神奈川県であった。神奈川県には学生が少なく、職工といわれた労働者もいたが、大半は土木労働者であり、女性は各紡績工場で働いていたと考えられる女工たちであった。小田原の道路工事、寒川の砂利採取工事、鶴見の企業建設現場、横浜港の港湾労働、川崎の工場建設工事場などで働いていた。県下各郡内にも働いていた。いずれにしても労働者が中心であり、彼らは日本語が多少できる親方にまとめられて集団で働いていた。労働者が大半であり労働運動を組織するという条件が存在した地域といえた。

また、神奈川には学生はほとんどいなかったが、労働者の出身は朝鮮では農民たちで金天海にとっては働く仲間であるという認識を持っていたと考えられる。労働組合や、まして社会主義など知らない人々であったが日本人社会のなかで賃金や、日常的な生活の点で差別されていた。悪質な日本人請負人から賃金の不払いなどの差別も受けていたのである。

震災前後に神奈川県内に朝鮮人がどの程度住んでいたかについての明確な数字は明らかではない。

しかし、いくつかの警察発表の新聞記事によって確認しておきたい。震災の翌年には神奈川県内の在日朝鮮人は「約五千人」とされている。『横浜貿易新報』の記事（一九二四年一一月二七日付、一〇月末調査と思われる）であるが、その半年後の記事では震災前と比較して次のように述べている。「震災前県下に約一千五百名居住した鮮人労働者は例の事件で一時殆ど陰をひそめたが、最近盛に増加し特高課の調査によれば現在では震災の四倍約六千の鮮人労働者が県下に散在し」（一九二五年五月二一日付）ているとしている。当時の横浜市内の朝鮮人は八〇〇人程度で小田原、藤沢、保土ヶ谷、川崎、寒川などに散在したとされている。金天海は朝鮮人が集まる場所を組織して歩いている。

震災後に朝鮮人たちが再びもどり、働き始めて在住者が著しく増えていたのである。かれは「横浜へいって」活動を始める。朝鮮人居住者が多い地域をまわり、組織の拡大をはかっている。彼の自伝的な記録では「横浜へいっては即時には労働組合をこしらえるにはむずかしいので、共済組織である共助会を組織し」たとして、啓蒙的な運動をはじめたがうまくいかなかったとしている。震災前に鶴見で行われた働きかけは白武、李憲なども工作にいったとされているが、はじめから労働組合を作ろうとする東京の知識人の動きは拒否されたのである。

しかし、さまざまな朝鮮人組織が生まれ、活動をはじめる。神奈川県では朝鮮人虐殺が多かったこともあって県は「内鮮協会」を立ち上げて朝鮮人対策を考えていた（内鮮協会の結成は一九二六年）が、こうした動きのなかで、朝鮮人自身が組織を作ることを容認していた。震災の翌年には「川崎町の鮮人親交会、鶴見潮田の鶴見親睦会、足柄上郡の労働友和会、三浦郡浦賀町の鮮人救護会、同郡下北浦の共助会の外、当市では最近組織された野毛町四丁目に事務所を置く鮮人労働同志会、西戸部町扇田にある鮮人愛護会」などが結成されていたのである（『横浜貿易新報』一九二四年一一月二七日付）。これらの組織は県の意向を受けたものと考えられるが、翌年にはこれら団体が統合して新たに朝鮮合同労働会が一九二五年七月一一日に結成されている。この組合の結成には金天海も関与していた。自伝的な記録では「私は本質的に神奈川県全朝鮮人労働者を網羅して労働組合を組織するという決心をもって、そんなに色彩が鮮明でない朝鮮人愛護会、朝鮮人同志会等を全部統一合同して神奈川県朝鮮合同労働会を組織した。この会は神奈川県朝鮮労働組合と名称を変更した」としている。警察の干渉があったものの組合の結成に成功したのである。

当初は横浜を中心に活動していたが全県への朝鮮人労働者の組織化へ進んでいく。これをいくつかの事例で例示しておこう。

横浜と神奈川県内での活動

金天海たちの活動が顕著になるのは一九二五年になってからである。

一九二五年四月二一日　メーデー準備会へ金天海参加する。ここでは金天海が提言したと思われるスローガン「植民地の放棄」が議論されている。同会合では朝鮮人たちにとって切実であった「請負制の撤廃」はスローガンとして採用されている。なお、翌二六年のメーデー準備会には金天海と共に行動していた徐鎮文が参加していることが報じられている。

八月二日　横浜労働組合連盟主催の「当市労働組合八団体失業問題大演説会」が六〇〇名の参加で開催された。会後のデモで九名が逮捕されるが内三名が朝鮮人。この内の一人が金天海で彼の住所は厚木町（現厚木市）とされている。

九月五・六日　横浜市戸部で「大震災横浜横死者追悼集会」が開催され、五日、朝鮮人七六名、日本人六名が参加、金天海が司会をした。開会直後解散させられ、金天海ほか二名が逮捕される。翌日釈放された金天海を含め朝鮮人八〇名、日本人四〇名が参加し同会を開催。

九月二五日　革命後のロシアから労働代表としてレプセが横浜駅に立ち寄り、このときにも金天海が参加している。

（出典はいずれも『横浜貿易新報』）

次第に朝鮮人たちの自立的な権利擁護の動きが広がりを持つようになった。同時に金天海たちの活動によってメーデーへの参加、震災虐殺抗議などの運動が展開された。それが日本の当局にとって、危険なものと映じていた。もちろん、震災虐殺の隠蔽という目的や朝鮮総督府の指示もあって新たに朝鮮人対策を立てることとなった。在日朝鮮人に対する融和政策の開始であった。県当局は具体的な

ソ連労組代表レプセが1925年9月に来日した時、横浜駅の列車の前での歓迎集会。背の高い帽子姿の人物が金天海。彼のもっとも若い時期の写真と考えられる。

組織としては知事を会長にする神奈川県内鮮協会の設立（一九二六年二月）で、警察、地方有力者によって朝鮮人を組織しようとしたのである。この組織はのちに協和会という名の在日朝鮮人統制組織となる(2)。

小田原での逮捕と裁判

県当局は朝鮮人協力者、警察署長、内鮮融和論者を講師にして各地で内鮮融和の講演会を開催した。講演会を開催したが金天海も参加していた横浜合同労働組合などによって「政府から金をもらったのか、日本官憲の犬」などと批判されて開催できない場合もあった。松田町でも一九二六年一二月一〇日に開催された講演会が阻止され、阻止しようとした朝鮮人親方が金天海の指導があったことを自供したという。これを理由に金天海に逮捕状が出て、年末には逮捕される。

このことは広く知られ、朝鮮で発行されていた『東亜日報』一九二六年一二月三〇日付に「横浜で突発した「某重大事件」として主犯は在日労総の金天海であると報道されている。

この事件で金天海は小田原で逮捕、起訴され裁判が始まる。このときの公判には金天海を支持する

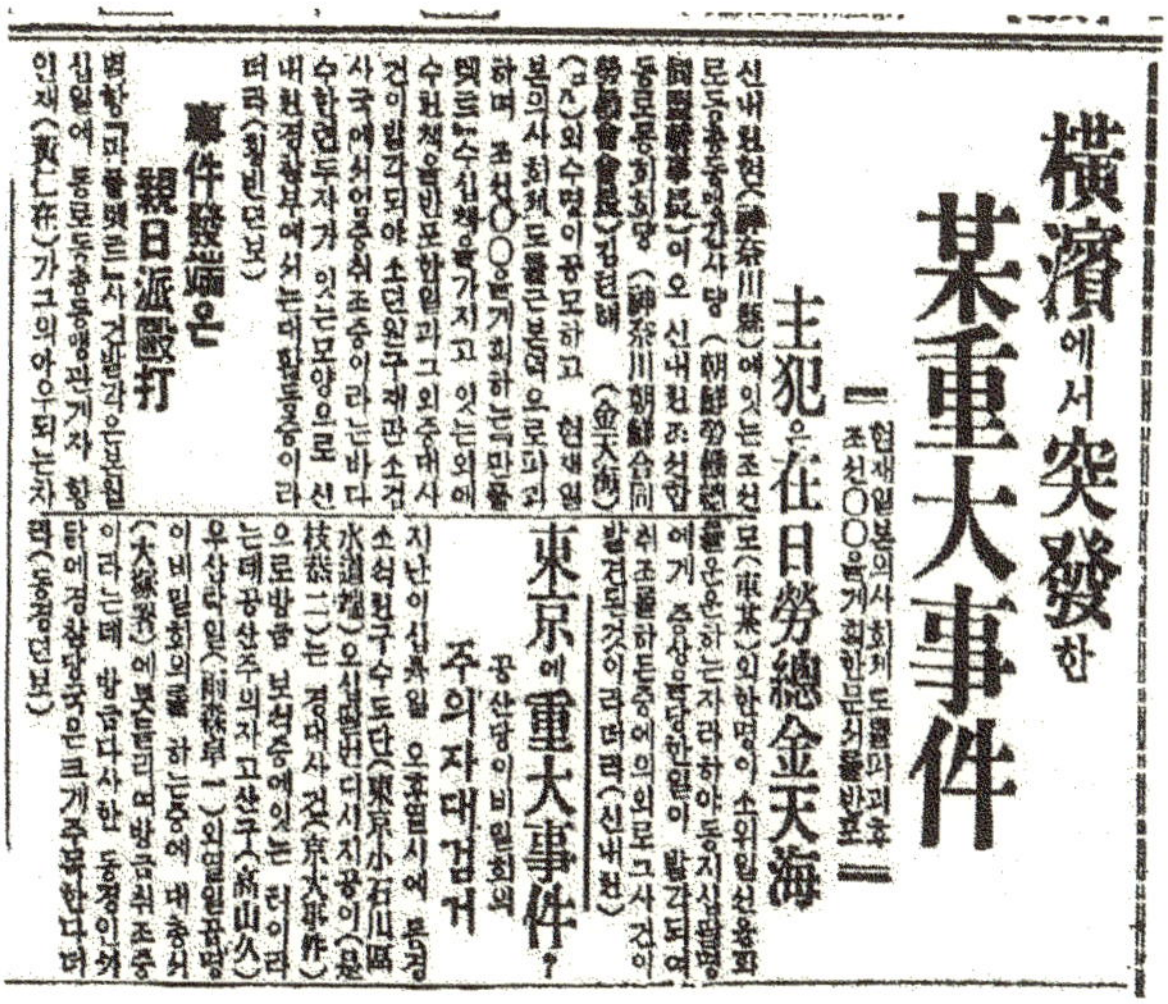
橫濱에서突發한
某重大事件
＝현재일본의사회체도를파괴후조선〇〇을계획한문서를발표＝
主犯은在日勞總金天海
東京에重大事件?
공산당이비밀회의
주의자대검거
事件發端은
親日派毆打

『東亜日報』1926年12月30日。金天海の小田原での活動ぶりを犯罪として報じている。

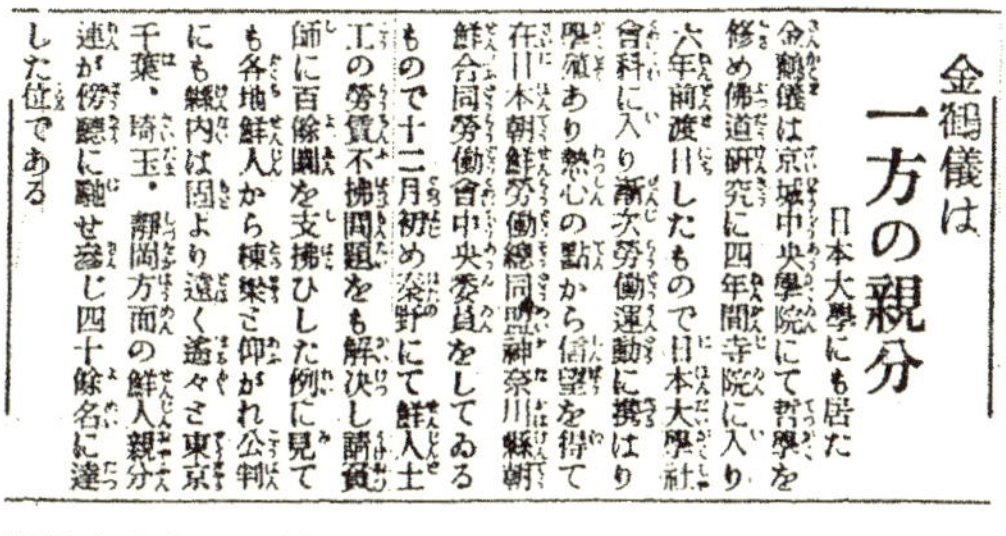
金鶴儀は
一方の親分
日本大學にも居た

金鶴儀は京城中央學院にて哲學を修め佛道研究に四年間寺院に入り六年前渡日したもので日本大學社會科に入り漸次勞働運動に携はり學殖あり熱心の點から信望を得て在日本朝鮮勞働總同盟神奈川縣朝鮮合同勞働會中央委員をしてゐるもので十二月初め秦野にて鮮人土工の勞賃不拂問題をも解決し請負師に百餘圓を支拂ひした例に見ても各地鮮人から棟梁と仰がれ公判にも縣内は固より遠く遙々と東京千葉・埼玉・靜岡方面の鮮人親分連が傍聽に馳せ參じ四十餘名に達した位である

朝鮮人大衆から棟梁として信望があったこと、賃金不払い問題を解決したことを報じる記事。小田原で裁判になったが、各地から公判にかけつけた。記事中の中央学院は中央学林の誤り。『横浜貿易新報』1927年1月13日。

朝鮮人の親方、労働者が第一回公判で四〇余名、第二回公判では三〇余名が傍聴していた。控訴して横浜で裁判が行われるときには三〇余名共に横浜まで行くといって騒いだという。公判に傍聴にきた朝鮮人は小田原だけではなく、東京・千葉・埼玉・千葉からも駆けつけたと報じられている。

このことは当時神奈川県の地方で働いていたのは土木労働者が中心であったことによる。朝鮮人に対する賃金差別や元請けの不払いが横行していたことに金天海が抗議、不払い金を取り戻すなど親方層を含めて朝鮮人労働者の広い支持を集めていたことがわかる。金天海という活動家が広く知られ、それには僧侶であったということも信頼を集める要因の一つであったと思われる。

この裁判での判決は六ヶ月であったがその後も横浜を中心にした活動が続けられていく。

ほかの具体的な活動事例を挙げておこう。

一九二六年一〇月、神奈川県厚木町厚盛館で朝鮮人同士の喧嘩を制止した警察官が朝鮮人を帯剣で殴打し、怪我を負わせた。これに対し「日本朝鮮労働総同盟関東連合会中央委員長金天海氏は横浜市より出張し、該事件を調査し、厚木署に向かって責任を問うべく交渉をなしつつあれば」同署の回答次第では大問題になると報じられている(3)。

ごく普通の地方新聞の報道である。金天海は厚木に住んだという記録もあり、たびたび各地に行っていたのであろう。こうした活動によって関東大震災後から始まった横浜での活動は当初には失敗もあったが、在住朝鮮人たちに組合運動や民族的な権利を守る闘争を広めていったのである。約三年間の横浜での活動は多くの成果を生んでいたといえる。

一九二七年の一年間は主に神奈川を中心に活動し、自伝記録によれば在日本朝鮮労働総同盟神奈川県朝鮮労働組合委員長となり活動していた。

厳しい弾圧下であったが金天海たちは巧みに活動を展開していた。一九二八年三月一日、横浜の朝鮮人たちは三月一日の独立記念運動の記念集会を持った。差し押さえ記事の対象になった朝鮮で出されていた『朝鮮日報』（三月六日）の記事では次のようなものであったという。大阪での記事と並んで「横浜でも数百群衆　数百名同胞が公園に集まり記念　万歳　一時開会三時に閉会　市街要処警察厳戒中に」というタイトルで内容は「三月一日午後一時横浜市杉田町青砥山公園で在留男女同胞数百名が集まり金天海君の司会のもとに「三・一記念式」を開き午後三時閉会した　当時警察は市街の要所を警戒して居たが数百の同胞が集まり、三・一記念式を挙行したと」報じている。金天海たちが当局の裏をかいて三・一記念式を開催し、成功させたのである。朝鮮民族の一員としての民族的な立場での行動と労働者としての闘いを結びつけた運動であり、当局に知られず数百名という多数の人々を動員していたのである。この記事は『朝鮮日報』には差し押さえされ掲載されなかったが朝鮮でも金天海は広く知られるようになっていたと思われる。

また、日本国内の記事のなかでも見られるように、金天海は日本人労働者の間でも広く知られるようになっていたのである。また、金天海は多くの在日朝鮮人労働者と活動も共にしていたのである。当時の金天海の活動ぶりを証言した一人の紡績工場で働く日本人女性活動家がいた。

中原萩子と金天海

金天海は神奈川県内の活動でさまざまな労働争議や集会に参加していた。この時期の具体的な争議の応援などに参加していたのである。共に活動していた日本人の一人に中原萩子（のち結婚し梅津）がいた。彼女は保土ヶ谷紡績の労働者でストライキに参加し、日本で女性として初めてメーデー集会で演説をした人物として有名である。金天海と行動を共にしていた時点からは六〇年余を経た一九八七年にお話を聞いたが明確に次のような印象を語られている（4）。

「私が金天海氏と会ったのは争議の応援に来てくれたり、組合の会合の時であったとおもう。朝鮮人は（横浜の）メーデーにも多く参加しており、朝鮮人としてというより、同志として共に活動する仲間という感じであった。金天海氏とは良く一緒に集会や組合の会合に参加し、このとき金天海氏は背が高く、私は日本人としても背が低いほうなので、一緒に歩いていると皆から一日《ついたち》、一五日といわれた（一日と一五日、半分ほどの背の背の高さの違いがあるという意味でそういう呼ばれ方をしたという）。このためこの言葉は強く印象にのこっている」。

金天海とは「一緒の集会や争議の応援では行動を共にしたが、私は彼らの争議や、住んでいるところに行って話したことはなかった」といい、金天海を含めた、朝鮮人が主体的に行動していたことがわかる。

金天海の人となりについては「金天海氏がやさしかったことや、いつも大らかな感じの人で人々から人気があった」と証言する。服装は「さっぱりした労働服を着ており、日本語も上手であった」という印象を語っておられた。

この日本人労働者、中原氏の証言から金天海など朝鮮人の行動について次のようにいえるであろう。

1 金天海は自分たちの意志で、労働争議などに主体的に関わっていたこと。
2 金天海は日本人労働者に親しみをもって見られていたこと。
3 金天海の印象がやさしく、おおらかな感じがしていたという個人的な感想もあるが、これについては同胞たる在日朝鮮人にも共通する評価であったと考えてもよいであろう。

また、中原萩子氏は「金天海氏はいつももう一人の美男子の朝鮮人と行動を共にして」いたと証言されている。

彼と行動していたのは同じ蔚山の日山里出身の徐鎮文であったと考えられる。

徐鎮文の拷問死

徐鎮文は、すでに震災の時にも暴行を受けた人物として紹介したが、金天海とは日山里で共に夜学校の教師などをしていた仲であった。金天海が三歳年上であった。更に親族（外四寸、妻の母の妹の子）であった。東京でも、横浜に来てからも共に労働運動に参加していた。

一九二六年四月二三日、メーデーを迎えるにあたって横浜ドック、横浜合同労働組合、市電共和会などが集まってスローガンなどの打ち合わせなどを行った。このとき、打ち合わせには朝鮮労働組合を代表して徐鎮文が参加している。このときは「植民地政策撤廃」もスローガンに採用させようとしている。当然、徐鎮文は同年のメーデーには他の朝鮮人労働者と共に参加した。前年、横浜メーデーの二五年の打ち合わせには金天海が出席していた。「帝国主義植民地を放棄せよ」というスローガンを採用するように提案している。これは実現しなかったが徐が出席した二六年の打ち合わせでも同様の提案をしているのである。このときは徐が朝鮮人労働団体を代表して参加している。二六年には徐鎮文と金天海は東京でも活動していた。共に活動していたのである。徐鎮文は金天海と共に一九二七年に高麗共産青年会日本部員になっている。

この同志であり、親族である徐鎮文が横浜で拷問死することになる。

一九二六年一二月に天皇が死亡し、一九二八年一一月に即位式（いわゆる御大典記念式）を実施することとなった。すでに治安維持法が成立、強化されていた時期である。朝鮮人活動家たちに対する全面的な予防拘禁が実施された。金天海も後述するように二七年一〇月二一日に品川で拘束されている。他にも朝鮮人が予防拘禁という名で逮捕されている。

徐鎮文は一九二八年一〇月二五日に横浜加賀町警察署に逮捕された。この不当な逮捕に徐は激しく抵抗し、断食（ハンガーストライキ）して闘い、拷問が加わり、死亡寸前の一一月一六日に釈放された。同志が引き取ったが翌日には町田で死亡した。

彼には蔚山に妻がおり、彼が日本に渡航したときには妊娠していたのである。娘が生まれたが帰国していないため、娘には会えずになくなった。娘は解放後も長く存命しておられた。

神奈川では抗議と葬儀は一一月二一日神奈川朝鮮労働組合葬として行われた。このことは郷里の蔚

写真上･下共に徐鎮文の墓。他に墓名碑などが建てられ、抗日の英雄としてあつかわれている。

山にも伝えられ、多くの人々の同情を集めた。一月に遺骸が蔚山に帰り、一月一二日面民葬が行われた。このことが『東亜日報』などの朝鮮中央の新聞でも報じられた。今、彼の立派な墓が蔚山市内「花津体育公園」内に建てられている(5)。

金天海はこのことを「横浜労働会の常任委員で私のもっとも愛する徐鎮文同志がやはり検挙され、……この同志は地味で組織にとって必要な人物であった。神奈川県労組の組織を鞏固にし、在日労総の中でも有能な同志であった。—いまでも想い出されてならぬ」と回想している。単なる親戚というより、思想を同じくする同志としての仲間を理由もなく拷問によって奪われたのである。

金天海は更なる闘いによって独立と朝鮮人同胞たちの生活を守るための闘いに強い意志で参加するようになる。もともと金天海は東京でも活動しており、もっとも労働条件の悪い労働者のなかで活動するために神奈川県で活動していたが、その間も東京へ行き、組織活動を行っていた。東京で組織された在日本朝鮮労働総同盟などでの活動である。こうした活動の中で日本共産党の結成があり、労働者に影響を与えつつあった。朝鮮でも共産党が結成されていた。十分な活動ができないほどに弾圧があり、在日朝鮮人の組織化も後れていた。しかし、朝鮮共産党第三次組織では東京に党組織と青年会組織を結成することが決定され、具体的な組織活動が始まった。金天海もこれに参加するようになる。

朝鮮共産党日本総局責任秘書

金天海が朝鮮共産党に入党したのは朝鮮で活動し日本に派遣されていた韓林(6)の推薦であったとされているが、組織化は一九二七年頃からであったと官憲資料には書かれている。金天海と共に逮捕された金漢郷(7)は一九二七年六月に朴洛鐘の推薦で入党している。金天海は一九二八年五月には入党している。

その後、同年一一月初旬までに逮捕された入党者などは三六名前後になっていた。同年一〇月の検挙当時の組織表では金天海を朝鮮共産党日本総局責任秘書として、その下に組織部、宣伝部を置き、都下に五支部(ヤチエーカ)をもっていた。フラクションとして朝鮮労働総同盟、東京朝鮮労働組合、新幹会東京支会に党組織があったとされている。各種の記念日闘争などでは統一的にビラの配布などを行い得る組織になっていた。多くの関係者がいたが必ずしも共産党員ではなかったと考えられる。

日本国内における朝鮮共産党の組織は一九二七年から準備されていた期間を含めても、一年余の活動期間にすぎなかったのである。また、短い期間に責任秘書についても金漢郷、韓林とかわり、下部組織の人々も検挙によって人員には変化があった。非合法下であり、弾圧も厳しく政党としての活動は制限されたものとなり、主張が当時の在日朝鮮人民衆に理解できるものでもなかった。日本の日常の差別に対する批判や独立に対する共感といった次元での共感は得ていたと考えられる。しかし、資本主義社会に対する批判というような次元での理解は進んでいなかった。

金天海についていえば一九二八年五月入党し、六月に責任秘書になり、一〇月二一日に横浜から東京に向かう途中の品川駅で逮捕され、都内各警察署で拷問を受けることとなる。党員としての活動期間は五ヶ月にすぎない。共産党員としての活動期間は短かかったものの党勢は拡大し、関西の運動にも影響を与えつつあった。金天海ら朝鮮共産党員に対しては特別きびしい制裁が加えられることとなった。特に転向しないものに対してはきびしかった。品川で逮捕され、近くの高輪署に留置され、さらに六本木署、青山署に移された。この間、高輪署では警視庁の若林類太郎警部補が拷問し、留置場の不衛生のため、青山署にいるときに赤痢にかかり、衰弱したという。伝染病院に一五日収容された後にまた、留置場に送られた。二ヶ月後に検事局に移され、市ヶ谷刑務所に入れられた。逮捕された他の共産党関係者も同様に取り調べが実施され、拷問を加えられて市ヶ谷刑務所に収容された。

市ヶ谷刑務所と公判闘争

市ヶ谷刑務所には多くの日本人共産党員が収監されており、連絡もできていた。中国共産党の人々と獄内処遇改善運動、メーデーなどで同一の要求を掲げて運動も行われるようになった。また、獄内でも朝鮮人に対する差別があり、これにも抗議を繰り返していた。一九二九年の朝鮮で起きた朝鮮の元山ゼネストへの支援も考えていた。光州学生運動にも関心をもち「支援」したと書いている。メーデーでは朝鮮共産党員、日本共産党員、中国共産党員がメーデー歌を合唱し祝ったとされている。市ヶ谷では孤立した環境ではなかったために、朝鮮人共産党員、高麗共産青年同盟からは落伍者を出さず、団結していたとされている。

こうした獄中ではあったが一九二九年四月には予審が終わった。一〇月一日には公判が開始された。この日は共同審理であったため、共産党事件の逮捕者がそろって裁判所で審理を受けることになったが皆が久しぶりに会うことができて喜んだ。金天海の記憶は鮮明で、この時の裁判長・神垣秀六は廷吏に命じて被告たちを拘束しようとしたが皆で抵抗し、日帝打倒、朝鮮独立万歳、朝鮮共産党万歳を叫んで大乱闘になったという。被告は負傷した人も多かったという。以降は分離して審理が始まった。朝鮮人被告たちは分離審理に際しては朝鮮共産党として四項目の要求を掲げていた。共通の課題であった。この四項目は「一、統一審理の要求　二、公判の絶対公開　三、政治犯の釈放　四、法定内に於て朝鮮語使用の自由」であった。このときの裁判で朝鮮共産党事件関係者として公判に出廷したのは二九人であった。また、この審理で朝鮮語で発言するものも多く、日本語が分からないと発言したものもいた。

この一〇月一日の公判では多くの朝鮮人傍聴人が集まり、朝鮮人たちを支援した。金天海もこの時の獄外の朝鮮人たちの支援について次のように記録している。

「この裁判のとき在日の同胞たちは熱烈にわれわれを応援して衣服その他あらゆる面にわたって救援をしてくれた。なお、日本の同志達も民族と国境を越えて心から救援してくれたことは今も忘れられないものである」。

在日朝鮮人民衆の支援が手厚くあり、獄中の朝鮮人たちを励ましていたのである。同時に日本人を中心に組織されていた日本赤色救援会などが朝鮮人を区別せずに救援活動を行っていたのである。もちろん、一九三〇年にはコミンテルンの路線にしたがって日本で組織されていた朝鮮共産党総局は解

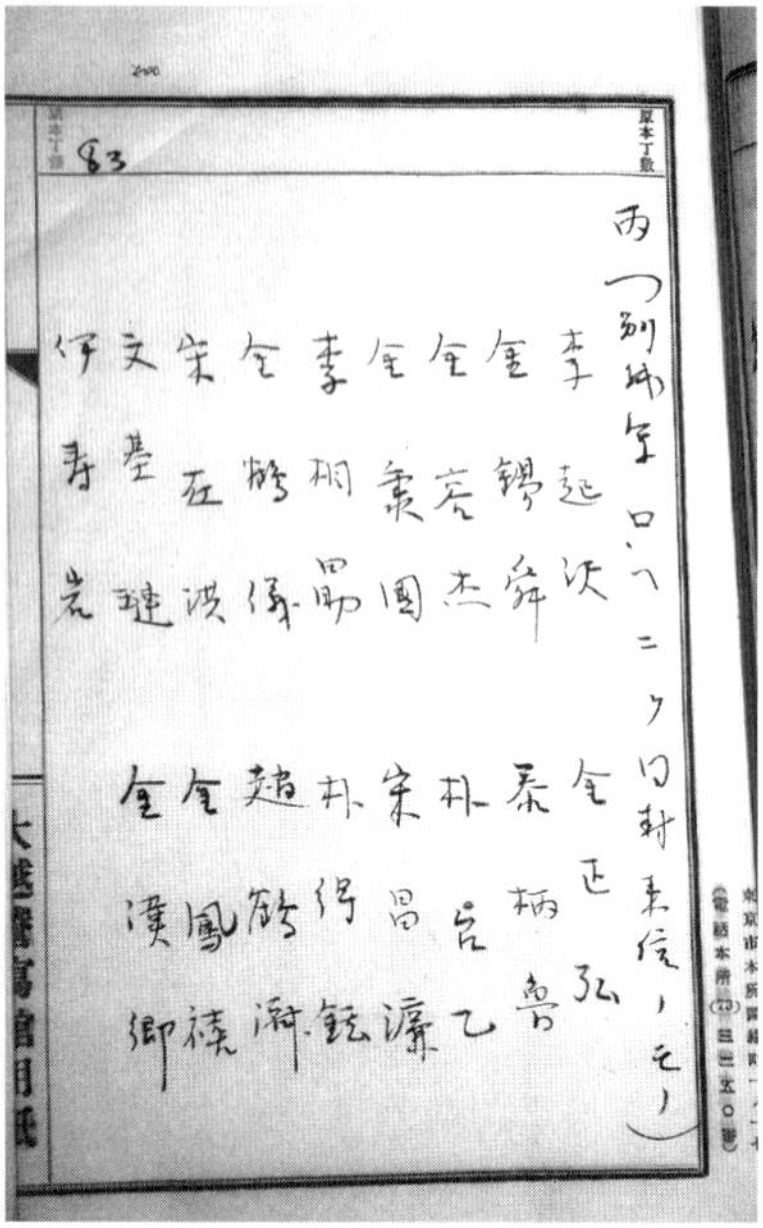

この時の裁判資料の一部、金鶴儀や金漢郷の名前がみえる（布施辰治文書・明治大学図書館所蔵）。

体し(8)、朝鮮人も日本共産党員として活動することとなっていたという背景が存在し、その影響下にあった日本赤色救援会も朝鮮人を救援対象にしていたという側面もあった。公判の法廷のみならず、沿道でも朝鮮人の支援活動があるのではないかと警戒されるほどであった。

また、このときの裁判で弁護にあたったのは自由法曹団の布施辰治、村上進、青柳盛雄などであり、弁護活動を活発に行った(9)。

なお、金天海は市ヶ谷刑務所においても体が衰弱し「肺腺炎」になったが奇跡的に治ったという。分離裁判が開始された。ここで金天海は共産党という階級的な主張をするというより、極めて民族的な主張をする。金天海の審理が行われたのは一九三〇年一二月四日の午前一〇時五五分から一二時まででであった。

裁判闘争に見る民族的な主張

約一時間にわたったこの審理では裁判官に対してきびしい反論をしている。検事側は彼に六年六ヶ月の求刑をしていたのである。金天海は解放後に書かれた自伝的な記録には裁判での意見を「私のいうことは朝鮮に対する支配を撤廃し、日軍を撤退しろと叫ぶのみであった」としている。しかし、官憲資料によれば共産党員としての主張と同時に明確に朝鮮人としての主張をしている(10)。

第一には法廷での朝鮮人に対する裁判での日本語だけの裁判に対する抗議である。すべての朝鮮人が日本語を理解できたわけではなく、裁判用語などは難しかったと思われる。当時の金天海もどの程度の日本語の理解度であったかはわからないが、共通の四項目にあった朝鮮語の使用を主張したのである。官憲記録に残る彼の主張によれば、「朝鮮語禁止は朝鮮文化に対する日本帝国の暴圧だ」としたのである。

また、共産党員の周りにいた朝鮮人については証拠もなく、逮捕したものの釈放されていたのであるが、その後、再逮捕されていた。これについても「なぜ保釈をゆるさざるや、また、保釈したものをなぜ取り消すか」と朝鮮人たちを擁護しているのである。先にも見たように法廷でも朝鮮独立を叫んだと記憶していることから民族的な主張をしたといってもよいであろう。

もちろん、当時のコミンテルンの指導に基づく党の活動を前提とした主張もしていた。一国一党を原則的に受け入れていたのである。「我々共産党被告は日鮮支共産党共コミンテルン支部として闘って居る三国の被告を全部統一裁判せよ」と要求している。さらに、裁判長が制止しているにも関わらず、官憲資料によればかれは次のように述べたと記録されている。

「日本革命のスローガンなりとて不敬なる事項を放言し、吾々の敵である君等は吾々を裁く事を出来ぬ、われらは国際共産党の旗の下君等と闘うことを誓う」と発言した。

この審理での発言は当時の在日していた朝鮮共産党員たちと共通の認識を示していたのである。四項目以外にも朝鮮に対する植民地支配を批判した人もいた。

この裁判を通じて見えてくるのは在日朝鮮人共産主義者たちの朝鮮に対する認識が高く、とくに植民地支配に対する批判を行っていることである。

また、この公判に参加した二九人の中にはこの裁判中には転向したり、主張を変えたものはいなかった。まとまって主張をしていたのである。その後、転向したものもいたが極めて強い朝鮮人としての結びつきをもっていたと考えられる。

この分離審理後に判決があり、再審は認められず、それぞれに重刑が科せられて各地の刑務所に送られた。金天海は金漢郷についで重い五年の刑が確定した。彼は一人秋田刑務所に収監された。各警察署を拷問されながらたらい回しにされ、警察と市ヶ谷刑務所での未決期間は五〇〇日余に達していた。一九三三年一一月、深夜に上野から冬の秋田刑務所に向かったのである。

秋田刑務所での日常

秋田刑務所の冬は寒く、「風と雪ばかりの監獄」(11)であった。かれは最もきびしい環境の下に置かれたのである。もちろん入れられたのは二畳ほどの独居房である。「凍傷は手、鼻、にかかり寝ることもできなかった。―歯を噛みしめて忍んだ」というのが通常のことであった。彼は秋田刑務所でも闘いを続け、獄内新聞を発行して一畳ほどの懲罰房に入れられたが、そこは雪が降ると雪で一杯になったと書いている。長い獄中生活は彼の健康をむしばんでいたと考えられる。

彼は獄内に朝鮮共産党事件で捕まった李雲洙、朴文秉(12)や日本共産党員の山城(山代吉宗。山代巴の夫。このことについては一四七頁を参照されたい)がいることがわかり、雑役をする日本人の協力で連絡ができるようになった。時々、祝日などに配布される甘いもの、餅などを雑役をしていた協力者にあげたのである。

一年ほどたった一九三四年一二月に獄内新聞を発行したという。この新聞は山代吉宗が獄内細胞長として発行したという説もあるが、新聞が発見されたのは金天海の房であった。これが発見されて彼が責任を取る形で先の懲罰房に入れられたのである。冬の最中である。懲罰房を出てからは監視が強くなり、同志たちとの連絡はできなくなった。

この時、当局はたびたび金天海に転向を勧めた。佐野、鍋山などの転向証明書を見せられたり、満洲に土地をやるから転向しろと勧められたという。朝鮮の人々も転向したと知らされたが彼は転向を拒否し続けたのである。同時に刑務所内で作業を科せられていたが得意ではなく、作業はしなかったようである。監獄をでる時には一銭も無かったという。

こうした中で彼の心に残ったエピソードがあると書いている。

スリの常習犯が刑務所に入り雑役をしていたと思われるが、彼が歯磨き粉や歯ブラシ等を提供してくれた。彼は次のようにいったという。「泥棒にも愛国心はあります。先生どうかご身体を大切にしてください」という紙切れを投げ込んでくれた、と回想している。うれしかったのであろう。

彼は一九三五年一〇月一日に出獄した。

誰も迎えてくれる者がいないと思っていた金天海だが、門前に自動車が用意され、多くの朝鮮人が出迎えていたのである。秋田在住朝鮮人や青森からも来ていたという。在日朝鮮人たちは以前に秋田刑務所から釈放されていたと考えられる李雲洙等の情報や在住者たちが独自に関係者から聞いて正確な情報を得ていたと考えられる。困難な状況のなかでさまざまな方法で正確な情報を得ていたのである。活動拠点であった東京・横浜ではなく、あまり関与していなかった地域の人々が自動車まで用意して迎えに来ていたのである。この時点でも金天海は在日朝鮮人に広く知られ、親しみを持たれていたのである。

『朝鮮新聞』の発行

秋田刑務所を出た金天海は半日は新潟にいたが、青森から迎えにきた来た在日朝鮮人と共に青森に行き一週間ほどいたとされている。もちろん非転向のかれには特別高等警察官が付いていて在日朝鮮人たちはそれも知っていたが、彼をかばって静養させたのである。かれは青森から東京を通過して横浜に帰った。一九三五年一〇月中旬には横浜に帰っていたのである。横浜に帰れば多くの同胞がいて活動ができると考えたのである。

しかし、彼が獄中にいた間に日本国内は大きく変わっていた。昭和恐慌は継続し、朝鮮での朝鮮人たちの生活の状況は悪くなり、日本への渡航者も多くなっていた。一九三一年九月には中国東北地区への侵略を始め、翌年には満州国を成立させた。三三年には国際連盟を脱退して、孤立を深めて国内でも戦時体制作りが強化されつつあったのである。

日本国内でも朝鮮人に対する差別は無くなっていなかった。一九三四年からは朝鮮人対策が強化され、一九三六年からは政府予算で協和会(13)が主要各県に設立された。朝鮮人に対する抑圧・管理が強化されていたのである。

彼が活動拠点を築いていた横浜では関与していた労働組合は弾圧されて、朝鮮人の親睦団体が存在するにすぎなかった。関係者は活動できないでいた。転向しなかったものもいたが拷問などで病気になる者もいたのである。

在日朝鮮人運動は新たに準備して再建しなければならなかったのである。広く人々に運動再建とその存在を知らせるには新聞が適していると考え、発行を準備することとなった。

秋田刑務所で獄中新聞を出していた李雲洙(一九三四年五月釈放)や朴台乙(一九三四年四月釈放)、

全允弼等が発行を準備することとなった。活動の困難さから合法的な新聞の刊行を考えたのである。朝鮮共産党事件で逮捕された人々で釈放されてから連絡を回復させていたのである。もちろん、その後に活動に参加した日本共産党、全協に参加していた朝鮮人たちもいた。この他にも新聞刊行に係わっていたのは金斗鎔、金桂淡、李福満等の人々である。当初、一九三六年七月三一日に一斉逮捕された人々のみでも一七名にも達している。皆、朝鮮人である。この他にも横浜在住者で共産党との関係を確認できない人の協力もあり発行を準備したのである。

横浜に来て一月もたたない一九三五年一一月初旬に新聞発行の打ち合わせが行われた。官憲資料によれば横浜市中区井土ヶ谷、金壬容方で行われた。集まったのは金天海、李雲洙、朴台乙、全允弼の五名であった。ここで朝鮮語による『朝鮮新聞』発行が決まったのである。金天海たちは日本共産党員であったが日本共産党員との連絡ができず、独自に朝鮮共産党の路線ともいえる朝鮮語新聞を刊行し、朝鮮人民衆に呼びかけることを考えたのである。在日朝鮮人の中に受け入れてくれる基盤があると考えたのである。

設立趣旨としては「在留朝鮮人特に労働者の文化向上と之等に社会的階級的民族的自覚を喚起せしめること」を揚げている。労働者に重点を置くという視点は金天海が労働者の集まる横浜へ初めて来たときからの目標であった。

創刊準備号を刊行できたのは、一九三五年一二月二一日であり、この時の発行責任者は李雲洙であった。李雲洙は編集局長を兼務していた。新聞の刊行状況は次の通りである。

一九三六年二月一日　創刊号

以降毎月一回　四〇〇〇部を印刷。
同年七月末　八号準備中に主な関係者が逮捕される。
（この内、創刊準備号、四月号・四号は発行禁止処分となっている）

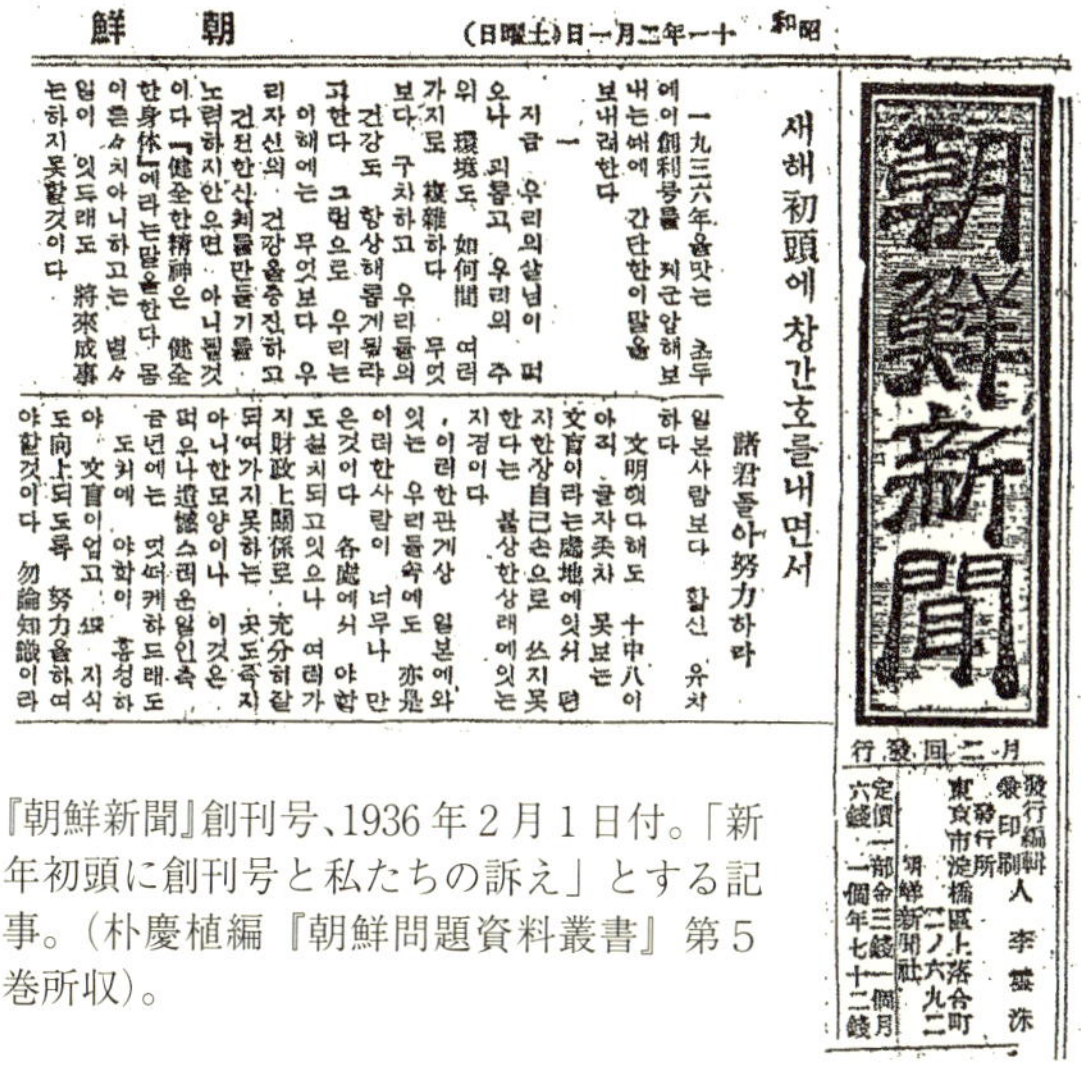

昭和十一年二月一日（土曜日）　朝鮮

朝鮮新聞

月二回發行

發行編輯兼印刷人　李雲洙
發行所　東京市淀橋區上落合町二ノ六九二　朝鮮新聞社
定價一部金三錢　一個月六錢　一個年七十二錢

새해初頭에 창간호를내면서

諸君들아努力하라

一九三六年을맞는 초두에이創刊號를 치군압해보내는때에 간단한이말을 보내려한다

一

지금 우리의살님이 떠오나 괴롭고 우리의 주위 環境도 如何間 여려가지로 複雜하다 무엇보다 구차하고 우리들의 건강도 항상해롭게될라고한다 그럼으로 우리는 이해에는 무엇보다 우리자신의 건강을증진하고 건전한신체를만들기를 노력하지안으면 아니될것이다『健全한精神은 健全한身体』에라는말을한다 몸이튼々치아니하고는 별々일이 잇드래도 將來成事는하지못할것이다

일본사람보다 할신 유차하다

文明햇다해도 十中八이 아직 글자조차 못보는 文盲이라는處地에잇서 편지한장自己손으로 쓰지못한다는 붉상한상래에잇는 지경이다

，이러한관게상 일본에와잇는 우리들속에도 亦是 이러한사람이 너무나 만은것이다 各處에서 야학도설치되고잇으나 여러가지財政上關係로 充分히잘되여가지못하는 곳도적지 아니한모양이나 이것은 떠우나遺憾스러운일인측 금년에는 엇떠케하드래도 도처에 야학이 흥성하야 文盲이업고 知識도向上되도록 努力을하여야할것이다 勿論知識이라

『朝鮮新聞』創刊号、1936年2月1日付。「新年初頭に創刊号と私たちの訴え」とする記事。（朴慶植編『朝鮮問題資料叢書』第5巻所収）。

官憲資料では次のように述べている。一、児童の教育問題　二、渡航問題　三、住宅問題　四、差別待遇問題　五、就職（失業）問題等であったとされている。在日朝鮮人の切実な問題を取り上げているにすぎなかった。政治的な課題を取り上げているのではなく、単に生活上の問題を事実に基づいて報道していたにすぎないから、発行と配布を当局は認めざるを得なかったのである。

実際の配布は
東京　一一支局　一五〇〇部
神奈川、長野、愛知、石川、富山、新潟、奈良
一〇支局　一〇〇〇部
在京団体・留学生・同窓会団体　一九九部
その他　五七〇部
朝鮮内　六四〇部

であったと官憲資料には記録されている。官憲の誇張があったとも考えられるが、全国にかなりな影響力を与えつつあったと見てもよいであろう。官憲資料は時に誇大に記録を書くこともあるが、北陸地方の支部での協力者の逮捕状況などから実際に近いと考えられる(14)。

金天海の『朝鮮新聞』の拡大

釈放されたばかりで体調も良くなかったと考えられる金天海は神奈川県内はもちろん、全国を回って慰安会、歓迎会に参加していたのである。すでに彼の名前は広く知られており、多くの人々が参加したと考えられる。慰安会の目的は第一には新聞の拡張にあった。具体的に読者になってもらったり、記事を送ってもらうためでもある。第二には全国で運動をしていた人々と会って運動の再建を目指していたのである。活動家たちとの連絡をとるためであった。彼自身の「自伝記録」からこの旅を再現してみよう。

横浜をでたのは創刊号の出た一九三六年二月二日であった。特に熱海で二二日まで休養しその後は名古屋に向かった(この記録は『朝鮮新聞』三月一日付人事消息欄の金天海欄による)。まわった地域は東京、名古屋、岐阜、富山、京都、大阪などを具体的にあげている。途中でも歓迎され、「熱海の同志ならびに同胞達、特に韓徳銖同志の如きは心から私をいたわってくれた」と書いている。後に朝鮮総連の議長となる韓徳銖のことである。

もっとも長く滞在していたのは名古屋であったと考えられる。金天海が渡航直後、一時大阪で共に暮らした朴広海が名古屋で活動していたのである。朴広海は三信鉄道争議で逮捕され、釈放後も名古屋にいたのである。彼によれば岐阜で一二ヶ所、富山、名古屋でも四ヶ所の夜学校で「愛国者金天海の歓迎会」との看板を貼って行ったと記録されている(15)。こうしたことができたのは朝鮮人を主体にした三信鉄道の争議や名古屋合同労組の組織が存在したからに他ならない。富山などの場合も共産党系の全協組織があり、参加していた朝鮮人がいたのである。また、彼らが貼ったビラは「愛国者金天海」とされているが、朝鮮人としての朝鮮を愛するという意味であり、彼の民族的な立場を表すと同時に受け入れた朝鮮人民衆の共感を呼ぶ内容であった。この集会へ朝鮮人の参加がどのくらいあったかは、わからない。集会では朝鮮語がつかわれており、郷里の情報や仕事の情報交換の場にもなっていた。集会での金天海は同じ話をしていたと朴広海は話している。もちろん世話人などには『朝鮮新聞』の拡大等を働きかけていた。

しかし、彼はこうした集会に参加し、活動もしていたが、病気がちであり、結核治療と盲腸の手術を医者から勧められていた。彼は名古屋では治療せず、知人や親族をたよって奈良、大阪に向かった。途中では滋賀県大津市の東洋レーヨンにも立ち寄ったという。この時の旅費などは皆がカンパしていた。当時としては多額で手持ちのすべてを金天海に渡していたと思われる。

大阪には母方の従兄弟である、李福造がいたという。故郷蔚山からは多くの人々が日本に来ていたのである。

大阪に行ってからは盲腸の手術の必要に迫られて、入院治療している。

この間、大阪では同じ時期に朝鮮語で発行されていた『民衆新聞』（金文準を中心にした関西のグループ）(16)と合同を申し込んだようであるが、同年に金文準が弾圧が原因で死亡し実現できなかった。

この活動期間中は金天海は絶えず特別高等警察の監視下にあり、監視をかいくぐりながらの活動であった。七月末の関係者の一斉検束の時は逮捕を逃れることができた。しかし、一九三六年八月三日には大阪府警察部によって逮捕された。直ちに警視庁に送られた。

秋田刑務所から出所して監視付きながら自由に朝鮮人たちと接することができた時間は一〇ヶ月に過ぎなかった。

この期間、金天海は大半の時間を在日朝鮮人労働者と共に過ごした。彼らの話を聞いて組織の拡大に努めたのである。療養というような生活はしていなかった。少しでも多くの人々と接触をしていた。また、帰国することも考えなかった。活動をしていた朝鮮人知識人は釈放後は故郷に帰ったり、朝鮮の親族の家で療養し、再びもどって活動する人は少なかった。

なお、この間日本人との接触が全くなかったわけではなく、確認できる限り、神奈川県綾瀬村で近藤義一というキリスト教徒が金天海をかくまったとして警察の監視下に置かれたという記録がある(17)。これによれば一九三二年に座間町に移転した陸軍士官学校の卒業式に天皇が来るというので近藤も警察の監視下に置かれたのである。理由の一つは彼はこの直前に金天海をかくまったという。このためその後もたびたび警察に連行されていたという。

近藤義一がどうして金天海をかくまったのかは明らかではないが、綾瀬村は朝鮮人の多かった厚木町に近く、かつて金天海はそこで活動していたこともある。この間、神奈川県内に滞在していた時に知人のいる厚木に密かにいったことは十分に考えられる。この時に金天海を短期間ではあったと思われるがかくまったのである。厚木での金天海の活動は地元紙でも報じられており、キリスト教徒として平等を重んずる考え方から社会運動家と知っていてかくまったと思われる。当時、朝鮮人を泊めて、しかも、社会主義者と知ってかくまうということは日本人社会ではできることではなかった。このため、彼は村人の一部からたびたび迫害されたといわれている。

東京に連行された金天海を待っていたのは厳しい取り調べであった。

[注]

(1)『在京朝鮮人月報』は警視庁管内の朝鮮人人口、すべての朝鮮人職業、区・郡別居住者数などが調査されている。朝鮮人の人口、職業、居住地、集会、刊行物などはすべて警察が調査・把握して一般町村では管理していなかった。これは一九四五年まで維持された在日朝鮮人管理方法であった。しかし、こうした資料は一部明らかになっているのみで神奈川県の場合は震災前後の資料が発見できていない。本資料は『在日朝鮮人史研究』三八号、二〇〇八年刊に全文掲載されている。

(2) 神奈川県内鮮協会を含めた協和会とその組織過程については拙著『協和会——戦時下朝鮮人統制組織の研究』社会評論社、一九八六年刊を参照されたい。

(3)「厚木署に人権蹂躙問題　鮮人殴打事件」『民友新報』一九二六年一〇月一六日付。逗子町で発行されていた地元紙。

(4) 梅津萩子氏の聞き書きは一九八七年二月にご自宅で伺った。金天海については横浜時代以外についてはご存知ではなかった。梅津氏の活動については神奈川婦人運動史研究会編『かながわ婦人』二号所収の聞き書きを参照されたい。

（5）徐鎮文（一九〇一年八月二八日～一九二八年一一月一七日）については蔚山の研究者による論文がある。キムムンスル「徐鎮文先生の反日運動」蔚山歴史教育委員会、二〇一〇年刊など。

（6）韓林は朝鮮共産党から派遣されてきた。一九二八年六月には検挙され、朝鮮に送られた。日本総局の党内では宣伝部長、後に責任秘書をしていたとされている。

（7）金漢郷（一九〇三年一〇月生）。朝鮮普成専門学校中退。一九二五年東京朝鮮労働総同盟役員、一九二七年六月朝鮮共産党から派遣された朴洛鐘の推薦で入党。この事件で逮捕され、最も重い刑を受けた。その後、金天海の「自伝記録」によれば転向し、朝鮮に帰国、思想犯対策組織「大和塾」の役員となったとされている。

（8）すでに朝鮮共産党日本総局の組織再建は考えられていたが、実質的には弾圧され、一九三〇年には組織的な形での朝鮮共産党日本総局は存在できなくなっていた。

（9）このときの朝鮮共産党日本総局の弁護資料は明治大学図書館の布施辰治裁判資料にある。布施辰治については李圭洙他『布施辰治と朝鮮』高麗博物館、二〇〇八年、大石進『弁護士布施辰治』西田書店、二〇一〇年、水野直樹「韓国独立運動を助けた外国人――弁護士布施辰治の場合」シンポジュウム『韓国独立運動と外国人』所収、二〇一一年などがあるがこの事件弁護の研究は少ない。

（10）この公開裁判、分離審理、各被告二九名の氏名、主張、刑期などは内務省警保局『社会運動の状況』一九三〇年版所収「朝鮮共産党事件公判の状況」による。

（11）秋田刑務所時代のことについては「自伝記録」以外には明らかになっていない。この記録では朴烈が収容されていたことについては全くふれられていない。この自伝が書かれた時点では立場を異にしていたからであると考えられる。

(12) 朴文秉(一九〇三年〜?)は日本共産党員として懲役五年の刑であったが獄死したといわれている。

(13) 関東大震災以降に在日朝鮮人対策組織が作られたが、一九三四年頃から大阪を中心に特別高等警察が直接朝鮮人組織・協和会を結成させた。一九三九年以降には在日朝鮮人戸主を中心にしてすべての朝鮮人を特別高等警察内鮮係の統制下の協和会会員として組織下においた。一九四二年には親睦団体を含めて朝鮮人の自主的な団体をすべて解散させて、協和会の組織下に朝鮮人を置いた。協和会は在日朝鮮人の創氏改名、勤労奉仕など戦時動員の基礎単位となった。拙著『協和会——戦時下朝鮮人統制組織の研究』社会評論社、一九八六年刊を参照されたい。

(14)『社会運動の状況』一九三六年版による。

(15)「聞き書き朴広海氏　労働運動を語る　3」『在日朝鮮人史研究』二二号、一九九二年による。日付など正確ではないこともあるが、この名古屋での期間を知る上では重要な証言である。名古屋で六ヶ月過ごしたとされているのでこの期間の大半をここで共に過ごしたと考えられる。

(16)『民衆新聞』は『朝鮮新聞』の発行と同時期に大阪を中心に発行されていた朝鮮語新聞。金文準(一八九四年二月一〇日〜一九三六年五月二二日)が中心で一部発見され復刻されている。

(17) 大畑哲「郷土出身のキリスト者　近藤義一の生涯」『綾瀬市史研究』第八号、綾瀬市、二〇〇二年刊による。

第4章　新たな拷問と獄中生活

朝鮮新聞社に対する弾圧

金天海は一九三六年八月三日に大阪で逮捕された。他の朝鮮新聞関係者は七月三一日に一斉に検挙された。逮捕の理由は朝鮮語で合法的な新聞を発行しただけであった。逮捕されたのは金天海を含めて当初は一七名であった。新聞の編集代表者であり、責任者であった李雲洙は年齢的にも三八歳で関係者の中でもっとも高齢で、金天海は二九歳になっていた。他に逮捕された主要な人物は営業局長・元朝鮮共産党日本総局・朴台乙、編集部員・金斗鎔、営業部員・金桂淡など新聞発行に協力した以前からの活動家で刑期を終えた人々を中心にしていた。しかし、逮捕・拘束したのは単に朝鮮語で新聞を発行したという理由にすぎず、明らかに不当な逮捕であった。予防的な逮捕で、新聞の影響力が強くなったというのが逮捕理由である(1)。

当時、朝鮮では朝鮮語新聞は発行されており、農民の状況などは事実を中心に報道していた。金天海たちが朝鮮で新聞を発行していた人々と違うのは非転向者を中心にした朝鮮人たちが発行していたというにすぎない。「犯罪事実」のない思想そのものの弾圧であった。また、発行者の李雲洙は発禁処分を受けないように注意していたと考えられる(2)。

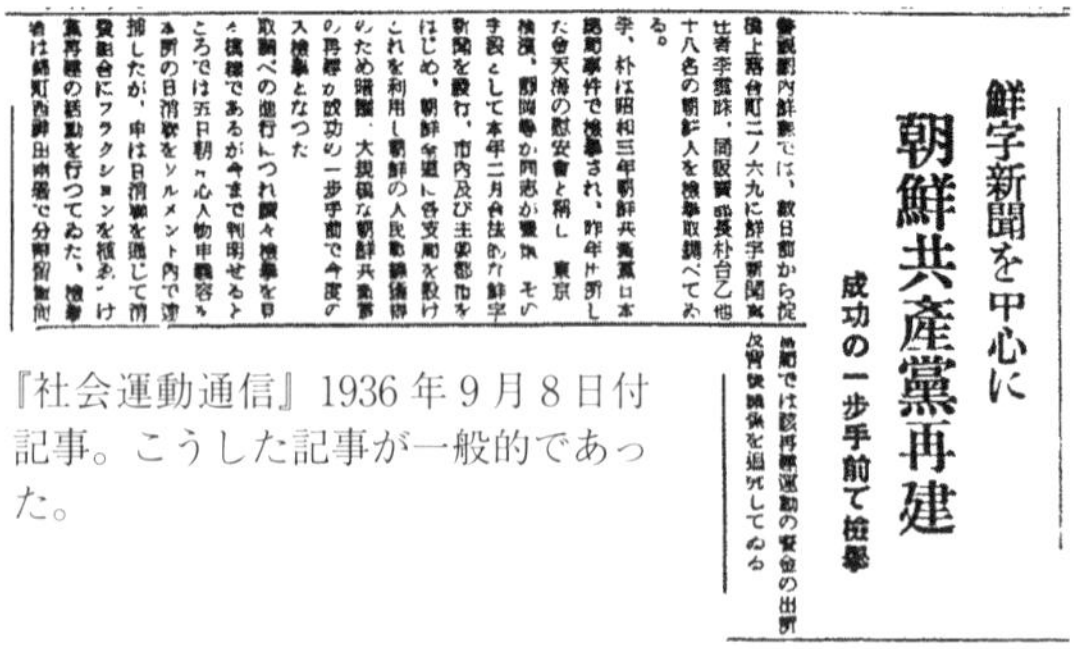

鮮字新聞を中心に
朝鮮共産黨再建
成功の一歩手前て檢擧

『社会運動通信』1936年9月8日付記事。こうした記事が一般的であった。

『朝鮮新聞』の内容

金天海たちが発行した『朝鮮新聞』で現存するのは創刊号（一九三六年二月一日発行）と二号のみであると考えられる。この内容は創刊号一面では創刊の決意や世界各地の状況、二面には日本同胞社会の状況、学生の送別会、大阪の火災、兵庫県内の朝鮮人集落の火災、本社と東京内の五支局の支局長名・支局員の氏名、発表された共産党関係の記事などを掲載している。三面には都内朝鮮人団体の紹介があり、官憲資料ではわからない情報を提供している。四面は全面が広告である。東亜日報東京、朝鮮日報、中央日報の各支社長が比較的大きな広告を、基督教の団体、漢方薬店、屑物店、朝鮮料理店の広告が載せられている。こうした記事内容は合法的な新聞であるからできたことである。当局は弾圧できずに発行されていたのである。二号は一月後の三月一日に刊行されているが内容・構成は創刊号と変わらない。広告も掲載され、在日朝鮮人団体の紹介もされている。

全くの合法的な新聞であった。ただ、禁止されていない朝鮮語を使用していること、内容が在日朝鮮人の生活に関することなどであった。これを当局は一方的に発行を禁止し、関係者である李雲洙や金桂淡などを逮捕したのである。もはや日本帝国本国内で朝鮮語の新聞は認めないこと、朝鮮人の横の連絡ができるような組織を認めないということの意志表明であった。当局の行動は法律では認められない不法な行為であった。

これに対する日本社会の中からの反論はもはや存在しないような状況で、むしろ、朝鮮人の動きを危険な存在とする考え方が主流になっていたのである。

全くの不当な逮捕と発行禁止処分であった。これを「合法的な逮捕」であるという理由と裁判にもってゆくための架空の犯罪の「事実」を作るために、極めて激しい拷問が実施されたのである。

厳しい拷問

金天海を待っていたのは以前にも増して厳しい拷問であった。東京に護送される直前には盲腸の手術をしており、体力も弱っていたときである。他に逮捕された人々も釈放されてから間もない人々であった。

こうした時に金天海を含む朝鮮新聞関係者は厳しい拷問下に置かれたのである。金天海自身はこの時のことを次のように書いている。彼は逮捕後、神田錦町署で八ヶ月、万世橋署で八ヶ月勾留され、この間、拷問の連続で四〇度以上の高熱を出して危篤状態になったとしている。

「今回ケイサツの取扱いは前回よりもなお野バン化していた。反動警察の相を露骨に現し、サギ、拷問の訊問を平気で行った。実に惨虐なる拷問であった」と回想している。

警察は「左翼労働組合逮捕と、独立思想と共産主義宣伝、人民戦線宣伝を目的とした新聞を発行したという理由」で起訴しようとしたがそのような自供もしないので厳しい拷問にかけたのである。逮捕された全員についてどのようであったかは判明していないが、この新聞の編集長で発行責任者であった李雲洙については次のように証言している。

「李雲洙は片輪にされた。捕らえられたものでみんなうならなぬ《ママ》ものはなく、検事局へまわすこともできなかった」という。

李雲洙はその後「病気保釈」となったが、拷問が原因で死亡した。彼も日本大学専門部の出身であった。金天海がこの死亡についていつの時点で知ったかはわからないが優秀な同志を失ったのである。

なお、朝鮮新聞発行関連では、中央での一斉検挙以外でも地方でも逮捕され、拷問が加えられていたと考えられる。例えば朝鮮新聞富山支局事件では金泰植、朴学守、韓東述の三人が富山支局を結成したとして三七年三月一四日に起訴されている。他にも各地で多くの朝鮮人が逮捕、起訴されている。起訴理由はいずれも党の目的を遂行したというものであった。そもそも、その証拠となるような文書は富山などでも発行されていなかったと考えられ、それだけに強い拷問が加えられたと考えられる。合法新聞発行を共産党の行動として立証自白させるための拷問であった。

膳所刑務所での暮らし

神田錦町警察署と万世橋署で一六ヶ月の未決期間を拷問の中で過ごした金天海は起訴され、懲役四年の刑を受けて膳所刑務所（現在・滋賀刑務所、大津市所在）に送られた。

ここは秋田刑務所と同様に寒く、厳しい環境の中で過ごさなければならなかった。ここで未決期間を除く二年四ヶ月ほどを過ごすことになる。彼はこの刑務所の処遇について次のように述べている。

「厳正独房の悲愁――ここに思想犯も若干あったが、これはみな転向し、私一人であった。そして独房から扉のそば他の囚人を呼んでは食料の改善、読書の自由等の闘争をやった。そして本願寺の坊主だけが教悔師あった《ママ》ことに対しても反対した。これは教悔権独占に対する反対であった。ここは暖い土地ではあったが比エイ嵐とビハ湖の水気のために相当に冬は寒かった。――看房の汚いこともお話にならなかった。便所は素掘りの穴をつくってそのままにするので、夏になるとウジ虫が部屋中を這回り、百足、トカゲ等が現れるのにはまったく参った。これには日警の拷問よりもなお、弱された《ママ》」と処遇の悪さは目立っていた。一般に収容されている人々とは隔離されており、孤独に耐えながらの獄中生活であった。

生活環境の問題もあったが当局は彼にも伊勢神宮を遙拝するように強要した。また、戦時軍事献金も要求した。すでに日本は非常時とされ刑務所に収容されていた人も例外なく、神社参拝や国防献金をさせられていたのである。刑務所内の労働での仕事は軍手を二〇束編むように要求されたが五〜一〇束もできなかったと記録しているのである。

こうした環境の中で同刑務所には思想犯は皆転向して非転向は彼一人であった。秋田刑務所の場合と違い孤立感が増していたと思われる。しかし、彼は転向を考えなかった。この時も彼は朝鮮人労働者に関心を持ち続け共に歩もうとしていた。同胞である窃盗犯が初めての「犯罪」で獄中にいた。その若い朝鮮人は刑務所の処遇に恐怖を感じ異常行動を取るようになり、治療も受けられず死亡したことに同情を寄せ自伝記録に詳細に記録している。彼がこの事実を記したのは戦後であり、一〇年も前のことを昨日のように記憶しているのである。それだけ同胞青年についての関心が深かったのである(3)。

一九三六年の八月から警察にいた未決期間を入れると刑期の四年がすぎたのは一九四〇年の八月過ぎであったと思われる。ただし、未決が算入されなければ彼は長く拘留され、一年余収監されていたと思われる。この場合、直接予防拘禁所に収容されたと考えられる。この間については明らかでない。だが、彼は自由にはなることはできなかったのである。彼の体は長い刑務所暮らしで極端に衰弱していた。

東京予防拘禁所

金天海が獄中にいた間に国家総動員法が成立し、戦時動員が強化されていた。朝鮮からは大量に日本に強制動員が開始されていた。また、在日朝鮮人をすべて協和会(4)に組織し、特別高等警察の管理下に置いて統制を強化していた。金天海が一時釈放されていた一九三五年末から三六年夏にかけての状況とはかけ離れた在日朝鮮人に対する管理強化が実施されていたのである。彼は非転向を貫き、獄外にいた朝鮮人たちもそれを知っていた。当局は日本人の徳田球一などを含めて非転向の人々を獄外に出すのは危険と考えていたのである。刑期が終わった人々を永久拘束するために新たな法的な措置を執ることとしたのである。

一九四一年三月一〇日、改正治安維持法が成立し、五月一四日には予防拘禁所官制が公布された。この制度は非転向者などが釈放されると予防拘禁所に収容し、外に出さないようにしたのである。予防拘禁所が新設されたが、東京予防拘禁所は豊多摩刑務所内に設置された。ここに金天海も収容されたのである。金天海は例外として釈放されるようなことはなかった。ここには全国から非転向の共産主義者やキリスト教徒、天理教の人などが収容されていた。金天海は強制収容される形で膳所（滋賀）刑務所から豊多摩予防拘禁所に収容されたと考えられる。

豊多摩予防拘禁所にはすでに多くの人々が収容されていた。日本人は各地の活動家や徳田球一、志賀義雄、山田六左衛門、志田重男、今村英雄など高名な活動家が収容されていた。朝鮮人は金天海が収容される一九四二年九月以前には丁岩右、李白春、金旭日、宋太玉らが収容されていた（5）。

朝鮮人は五、六名が収容されていたと思われる。丁岩右《チョンアム》は主に土工として大阪で働き、日本労働組合全国協議会（以下全協とする）大阪土建で活動、日本共産党に入党し、一九三八年に治安維持法違反で検挙され、予防拘禁所に送られていた。李白春《イベクチュン》も大阪の活動家で党員であった。一九四一年一二月九日に拘禁所に入れられた。金旭日《キムクイル》は名古屋で全協の活動に参加していたが治安維持法違反で検挙され、予防拘禁されていた。宋太玉《ソンデオク》は済州島出身で大阪で活動、人民戦線運動に参加していた。一九四一年一〇月三日、刑期を終えたが釈放されず拘禁所に収監されていたのである。

いずれの朝鮮人も予防拘禁所に拘束されていたのは転向をしなかったか、あるいは当局から見ればふたたび活動する可能性のある人々であった。その後、これらの人々が東京拘禁所にいたのか、他へ移されたかは明らかではない。金天海はその中の一人であったが当時から極めて高名であった。

なお、予防拘禁所には上海で活動した李康勲《イガンフン》が、熊本刑務所から一九四二年七月に豊多摩の東京予防拘禁所に移されていた。金天海は同年九月に同予防拘禁所に収容された。

李康勲は解放後は金天海とは別の独自活動をする。一九四三年夏に撮影された収容者の写真には金天海と共に李も写っている。

東京拘禁所には朝鮮人のさまざまな活動をした人々が拘束されていたが、いずれも朝鮮人として民族の独立と解放を願う人々であったことが重要な要素であったといえる。金天海のように長期の拘束を受けた在日朝鮮人は多く存在したといえよう。

予防拘禁所での金天海

滋賀県大津市の膳所刑務所から移送されたと考えられる金天海は極めて衰弱して、自分では歩けなくなっていた。食事も自分ではとれないような状態であったとされている。

この時期のことについては金天海自身の記録がないが、同時期に収容されていた人々の敗戦後に書かれた記録がある。同拘禁所に収容されていた土屋祝郎の証言によると当初の金天海の様子は次のような状態であったという。

「乱れ飛ぶ流言蜚語のなかにこつ然とあらわれたのは朝鮮の金天海であった。かれは六尺豊な大男で、世が世であれば隆々たる筋骨をつけて、威風堂々あたりを払う威丈夫のはずであるが、長年月にわたる牢獄生活のために、まったく見る影もなく落ちぶれ、削り取られたような痩身を自身の力だけでは支えきれないように見えた。腰も抜けている。教導に代わって雑役の椎野（悦朗）、河田（賢治）に両脇を抱えられて、西舎の一室に収容された。鼻は高く、口は小さく、晒したように真っ白いその顔を見ていると、国士の最後を見るような悲壮な感じにさえとらえられるのである。その目はうつろで、どこを見ているのかわからない。三度の食事も他人の助けを必要としたから、洗顔や排便は人手を借り、房内掃除は雑役のものが代行しなければならなかった。農民出身の佐藤（彦七）は世話好きな男で人のいやがる拭き掃除を自ら引き受けて、金の房に通うようになった」(6)と述べている。

痩せて命をつなぐことも難しかったと考えられる。重体といってもいいような病状であったと考えられる。

この証言から、すでに収容されていた日本人の非転向者には金天海の名は広く知られており、畏敬の念をもって受け入れられていたことがわかる。それであるから皆で金天海を介護するのである。この金天海の介護にもっとも熱心にあたったのは山辺健太郎であったという。

金天海と山辺健太郎

山辺健太郎は共産党員として逮捕され、予防拘禁所に収容されていた。彼は自らの身の回りのことには頓着せずに、拘禁所に入ってからも自分の房内は散らかり、本ばかり読んでいた人物であった。彼自身の身体からは異臭を発していたといわれている。佐藤（彦七）はこうした山辺健太郎の髭を剃ったり、風呂に入れたり、部屋の掃除もしていたとされている。佐藤は山辺を「山辺仙人」と呼んでいたと書いている。

そうした「ものぐさ」として知られた山辺健太郎が入所した金天海の看護を熱心に行ったのである。山辺の房と金天海は同じ西房の筋向かいにあったという。

先の土屋祝郎の証言によれば、

「その山辺が新しく入ってきた金天海に異常な関心を示した。それはお互いに筋向かいに起居しているからではなく、山辺自身が朝鮮の解放運動を研究のテーマの一つにしており、金天海のような不屈の闘士に巡り会うことは全く予想しないことであったからである。身の回りのいっさいを佐藤にまかせている当のものぐさ仙人が、今度は何くれとなく金の身の回りの世話をはじめたのである。それも全く損得抜きの熱心さであった。金の排便を手伝うこともいとわなかった。便器の掃除から、帯を解いたり結んだり、最後は便の拭き取りまでやった」(7)という。

金天海が膳所刑務所から送られてきたときは歩行や自分で立ち上がることもできず、食事も排便も不自由であったことは他の人々の証言からも確実なことであろう。東京予防拘禁所で放置され、山辺や佐藤のように面倒を見る人がいなかったならば、その命は危ういものであったと思われる。同志たちに助けられたと考えられる。

なぜ、山辺健太郎がこれほどに金天海について関心を持ったのか、については自身で金天海が拘置所で痔の手術をしたこと、その手術後に「私が雑役について、尻を拭いてやりました。金天海と出会ったことなどが、のちに私の朝鮮史研究の原点になっていると思います。日本資本主義研究にとって植民地収奪をぬきに出来ないと思ったんです。金天海以外に在日朝鮮人で非転向というのはほとんどいません」(8)と後年に書き記している。彼は日本の植民地支配が日本にどのような影響を与えていたかについての研究の必要を戦時下に意識していたのである。彼はその言葉

1943年夏、豊多摩予防拘禁所で撮影。白い服右から志賀義雄、徳田球一、金天海。

の通り戦後に朝鮮史研究をしている。

こうした山辺たちの努力によって金天海の健康は刑務所時代よりは回復していたのである。なお、山辺の金天海に関する介抱のなかでのエピソードとして金天海の肛門が「菊の御紋章」と同様に綺麗に並んでいたといい、これを当時の獄中でも戦後になってからも言ったり、書いたりしている。当時は拘禁所のなかでも、とても言えることではなかったが彼は堂々と言っていた。このため特に処罰されることもなかった。

予防拘禁所での闘う姿勢

金天海は体の回復が進むと以前の通り、予防拘禁所でも朝鮮人としての主張をするようになる。もちろん全快したわけではなく体は弱っていた。

しかし、朝鮮人としての、人間としての気概は衰えることは全くなかった。予防拘禁所で金天海が本領を発揮したのは拘禁所の職員に対してであった。もっとも、それ以外に他の人と接触できないという規制があったからであるが次のような記録がある。その一つは天皇の名前を出して、それを利用して説得しているのである。事例として今村英雄は次のような話を取り上げている(9)。

「日本の歴史の中で、真理のために身命を惜しまない学者があったか、朝鮮は帝王の前でも、首をはねると言われても、真理と信じている自説をまげないで命を奪われた学者がたくさんいた。日本では帝王とかの、御用をつとめるのが学者であった。君たちはそんな学問しかしていないのだ。恥ずかしいとはおもわないのか」

というようなことを大学出の若い日本人幹部職員に「説教」していたという。当時、戸坂潤など多くの良心的な日本人学者が学校から追放されたり、獄につながれていたことを知っていた上でのことである。

神がかった日本の歴史や日本精神を説く、学者や法律家などを天皇の名を出して批判しているのである。

今村はまた、民族的な誇りを失わなかった金天海の様子を述べている。

「朝鮮は日本の領土という論理は、拘禁所の役人には通っても金大人（今村は金天海を大人と呼んでいる）には通らなかった。金大人が民族的誇りの高い人であったことについて、もう一つ物語がある。戦局もどんづまりまできた昭和一九年一二月、朝鮮総督府は、朝鮮人の姓名を「創氏改名」の名目で全部日本風の氏名に代えようとした。この通達は獄中にいる金大人のところにも来た。見ると大人の氏名は「朝海英雄」となっている。激怒した金大人が司法大臣にあてて猛烈な抗議文を出したことは言うまでもない」

としている。当局は一九四四年に再度、日本式の創氏改名の徹底を図ったのである。

もともと、創氏改名は一九四〇年になかば強制的に実施され、金天海の戸籍簿でもこの一九四〇年七月の時点で「朝海英雄」という名前で届けが出されている。おそらく、家族や関係者が届けをしたものと考えられる。そうしなければ共産主義者の家族ということで差別されると考えられ、届け出をしたのである。当時、彼は膳所刑務所にいて届けを出すのは無理であった。この届けを出したことを彼は知らなかったと思われる。獄中から蔚山の家族と連絡をとることは迷惑がかかると考えて連絡をしていなかったと考えられる。人づてに情報の交換があったかも知れないが、それは秘密に行われたと思われる。一九三二年の父の死についてのことも自伝記録には書かれていない。

金天海は拘束されながらも創氏改名という朝鮮人に対する不当な扱いについて日本当局との闘いを継続していたのである。

一九四五年になると豊多摩予防拘禁所と身辺に変化が起きることとなる。

府中刑務所へ

一九四五年五月二五日に東京にも空襲があり、中野刑務所内にあった予防拘禁所も空襲を受けた。当日は職員は二名ほどが残っていただけであり、他の職員は送別会を開き、不在だったのである。そこに焼夷弾が落ちてきたのである。記録(10)では山辺健太郎の部屋に落ちた焼夷弾を皆で協力して消火したとされている。拘禁所自体が空襲の危険にさらされることになったのである。当局は六月下旬になって拘禁所を府中刑務所に移転させることとした。金天海も徳田球一、志賀義雄らと府中に移転したのである。

また、空襲が度々あり、敗戦が間近であることは収容者にはわかったが、敗戦の混乱に乗じて殺害されるのではないかという不安も存在した。こうした施設の存在そのものを抹殺するのではないかという推定も成り立ったのである。今村はその著書の中で豊多摩では六月頃からの雰囲気として虐殺されるという恐怖が存在したことについて「虐殺の恐怖と闘う」という項を設けて回想している[11]。

府中刑務所で撮影。左から５人目が金天海、その右が李康勲。

金天海もこの渦中に置かれていたのである。こうした事態を金天海がどう受け止めていたかについての記録は発見されていないが冷静であったと思われる。

生存できた理由を明らかにする文書はないが府中の収容者は一九四五年八月一五日を迎えることができたのである。

拘束一六年八ヶ月

ところで金天海は解放前に何年間を獄中で過ごしたのであろうか。短い期間の逮捕、拘束は除くとして比較的に長期の拘束期間を一覧としておきたい。

主な拘束場所と期間を掲げたが（　）内は推定部分も

ある。これだけで一六年八ヶ月にもなる。この他にも自伝記録によれば「検束拘留のごときは数百度に及んだものである」としているようにたびたび検束されている。ここでは算入しなかったが、関東大震災の時も少なくとも一ヶ月以上は警察署に拘留されていたと考えられるのである。したがって実際の拘束期間はさらに長期間にわたっていたと考えられる。

彼が渡航して来たのは一九二二年、二三歳のときであり、解放された一九四五年一〇月までの大半を獄中で過ごしたということである。約二三年間の滞在期間のうち、自由だったのは七年間に過ぎなかった。

金天海の拘束期間と主な拘束場所

主な拘束場所	期間	年月
小田原刑務所等	一九二六年一二月末～二七年六月	六ヶ月
秋田刑務所	一九二八年一〇月二一日～一九三五年一〇月一日	七年
膳所刑務所	一九三六年八月三日～（一九四〇年八月）	四年
	一九四〇年の間も拘束されていたと考えられるが場所不明	一年三ヶ月
東京予防拘禁所	（一九四一年一二月）～（一九四五年六月）	三年六ヶ月
府中刑務所	一九四五年六月～一〇月一〇日	五ヶ月
合計		一六年八ヶ月

注１　拘束期間には未決で各警察署に留置されていた期間が含まれている。刑期と拘束期間が一致しないのはこのためである。未決期間が算入されていない場合もある

注２　一部月日が明らかでない部分がある。

朝鮮人で彼以上に長く獄中に拘束されていたのは、同じ秋田刑務所などに拘束されていた大逆事件の朴烈のみであろう。

解放直前の朝鮮人の府中刑務所訪問

長期間、拷問、拘束されていたが八月一五日を迎えた。職員と共に天皇の放送を聞いて無条件降伏を知った。しかし、まだ、拘束は継続していた。九月半ばには当局と収容者との交渉が開始されたが埒《らち》があかなかった。一〇月一日になって三人の外国人ジャーナリストの訪問があり、拘束されていた政治犯の存在が明らかになり、釈放が間近になったのである。その後、占領軍からの差し入れもあり、飲食は自由になった。

ここで注目しておかなければならないことは、一〇月一日の訪問とそれが新聞に発表され広く日本社会に知られて「すぐ慰安隊」が来たということである。

「第一番手は朝鮮人、金成功（成功という字は不正確と思われる）、崔哲の二君であった。政治意識、政治的感覚の点では日本人が遙かに後れていることを」……「敗戦の意味するものやポツダム宣言、無条件降伏の意味するものを、朝鮮人がいち早くキャッチしたと言うことは、天皇制ファシズムに対する恨みと復讐の念において日本人が劣っていることを証明しているのにちがいなかった」という感想をもらしている。第二陣も朝鮮人で一〇人ぐらいであったという。第二陣で来た朝鮮人たちは酒、肴、菓子などをもってきて、日が暮れても留まり酒と肴で宴会が始められたという。この朝鮮人たちはこの府中刑務所には「たった一人ではあるが朝鮮人は確かにいる。而も一人は在日朝鮮人の御大将、さりがたいと」して宴会が始まった。一人の朝鮮青年はバイオリンを取り出してアリランやトラジを演奏し、日本人政治犯もこれに応えて郷里の民謡を歌い宴会になったという(12)。

この記録にあるように金天海がここに収容されていることがわかると、朝鮮人たちはつぎつぎに会いに行ったのである。記録されている以外にもあったと考えられる。一般に語られるのは一〇月一〇日の釈放の日の朝鮮人数百人の出迎えであるが、実際には一〇月一日以降に多くの朝鮮人が訪ねているのである。その後、日本人も訪問したと考えられるが、朝鮮人たちの行動は日本の戦争を肯定的に見ていなかったこと、日本の戦時政策に一定の距離をおいていたことが、こうした行動を取らせていたということができる。在日朝鮮人は日本人とは違う生活世界をもっていたのである。この時点で在日朝鮮人は敗戦ではなく、解放と受け止めて、バイオリンをもって府中刑務所に行き、金天海などと合い、解放を喜んだのである。一〇月一〇日以前に金天海は在日朝鮮人たちに解放の祝いを受けて獄外への解放の日を迎えることとなったのである。

その後、一〇日までに日本人も訪ね、また、一部の在獄者が連絡に日本人が外出したという。この一人が獄外にいた金斗鎔に連絡をとり、金天海が府中にいることが朝鮮人に広く知られるようになったのである。

［注］

（1）「在京朝鮮新聞関係者の検挙状況」『特高月報』一九三六年九月号による。これは中央の逮捕者リストのみである。この他に地方でも朝鮮新聞の支局ができたところや読者に対する逮捕が続き、地方の全協関係者も逮捕されている。

（2）『朝鮮新聞』は創刊号と二号が発見されている。朴慶植『朝鮮問題資料叢書』第五巻、三一書房に収録されている。同様の趣旨で同時期に大阪で刊行されていた金文準が刊行していた『民衆新聞』も一部発見されたものについては同資料叢書に収録している。両紙共に官憲につけ入れられないような、生活などを中心に配慮した内容であった。

（3）この膳所刑務所でのことについては樋口雄一「金天海――在日朝鮮人と共に生きた社会運動家」『東アジアの知識人』第四巻所収、有志舎、二〇一四年刊を参照されたい。

（4）協和会は戦時下に朝鮮人を統制するために作られた組織。全都道府県に協和会を組織し、警察管区毎に署長を責任者として特別高等警察課員が幹事となり朝鮮人戸主を会員として配給等にも関与し、会員証を持たせた。それまで存在した自主的在日朝鮮人団体はすべて解散させられていた。協和会の下で朝鮮人の神社参拝、国防献金、勤労奉仕などに大きな役割をはたした。協和会は強制動員労働者の管理にも関与していた。樋口雄一『協和会――戦時下朝鮮人統制組織の研究』社会評論社、一九八六年刊を参照されたい。

（5）今村英雄「忘れ得ぬ人々――金天海大人のこと」『獄中の昭和史――豊多摩刑務所』青木書店、一九八六年による。今村は一九二八年、日本共産党に入党、活動を続け予防拘禁所にいた。戦後、日本共産党書記局にいた。

(6) 土屋祝郎『予防拘禁所』晩聲社、一九八八年による。
(7) 前掲、土屋祝郎、同資料による。
(8) 山辺健太郎『社会主義運動半生記』岩波書店、一九七六年刊による。山辺の履歴は同書に詳しい。彼は獄中の初志のとおり、戦後に朝鮮史の研究を始め『日韓併合小史』など多くの業績を残している。戦後も頭髪と髭は伸びて下駄履きで朝鮮史研究会や国会図書館を歩かれていた。ただし、本著のなかで金天海以外に非転向者がほとんどいないとする評価は誤りで、ここで取り上げている徐鎮文、李雲洙、朝鮮新聞社事件で逮捕された李相勗などは転向、或いは「自白」しなかったために当局に虐殺されたと考えられる。この他、多くの人々が非転向を貫き、拷問を受けて獄死、あるいは病死している。全貌は明らかでない。なお、山辺と共に金天海の介抱をした佐藤彦七は新潟県柏崎で活動した日本共産党員で、拘禁所では雑役として働いていた。
(9) 今村英雄『予防拘禁所の記録』政経ヘラルド社、一九七六年、一五一頁。今村は金天海が収容される前に予防拘禁所に収容されていたが収容者たちの印象を綴っている。この印象記の最初に取り上げられているのが金天海である。
(10) 松本一三「東京予防拘禁所の回想」『獄中の昭和史』所収、青木書店、一九八六年による。
(11) 前掲、今村英雄『予防拘禁所の記録』一五三頁による。
(12) 前掲、今村英雄『予防拘禁所の記録』二一五頁による。なお、この期間に訪問した朝鮮人が誰であったかなどの詳細な研究は井上学の論文がある(一一四頁注3を参照されたい)。府中刑務所へはおそらく第二陣以降も朝鮮人たちの訪問があったものと考えられる。

第5章　解放後の金天海

府中刑務所からの解放

前節で見たように府中刑務所からの政治犯の釈放は一〇月一〇日に実施された。一〇月三日に『読売報知新聞』で在獄の政治犯の存在が明らかになると、すぐ朝鮮人たちは金天海を訪ねている。しかし、この記事には金天海の存在は書かれていないのである(1)。

秋田刑務所から出た時も誰も知らないはずの出所の日に秋田だけではなく、青森からも自動車で出迎えがあったという。出所の日などは知られていなかったが迎えに行っている。

こうした情報は正確に在日朝鮮人の間に伝えられており、この時も在日朝鮮人たちは真っ先に刑務所に訪ねて、刑務所内で解放を祝い、前章でのべたように「宴会」まで行っている。公式な解放の日である一〇月一〇日以前のことである。読売報知新聞記者は一〇月七日の朝にも府中刑務所を訪ねている。八日の記事である。この時に一〇月一〇日午前一〇時に一六人の共産主義者が出るという記事

府中刑務所に迎え朝鮮人たち。旗には在日朝鮮人連盟大森（支部）と、解放戦士出獄歓迎とある（辛基秀編『日韓併合史』より）。

が掲載されている。同時に四人の人物写真が掲載されており、徳田、志賀、団野徳一と金天海の四人が並んで写された写真が掲載されている[2]。すでに獄外にいた日本人活動家と金斗鎔[3]などへは府中拘禁所から連絡に行った松本一三によって連絡が取れていたのである。

一〇月一〇日、事前に知らされた朝鮮人民衆はトラックを仕立てて金天海を迎えに行った。何人かは明らかでないが数百人が出迎えたというのはどの証言者も書いている。『読売報知新聞』では自由法曹団の布施辰治などを先頭に六〇〇名が出迎えたとされている。そして府中刑務所から府中駅までデモ行進をして、同駅からトラック数台に分乗して「自由戦士出獄万歳」というスローガンを掲げて甲州街道を通って芝田村町の飛行会館五階の自由戦士歓迎人民大会会場に着き、三〇〇〇名と解放を祝ったと報じられている。

そして記事のなかでは、この行動に参加した大半は朝鮮人であったということも共通している。朝鮮人はトラックを用意して日本人政治犯の徳田球一などと共に金天海を東京に連れてきていたのである。なお、解放された朝鮮人は金天海ばかりではなかった。金天海と共に府中にいた李康勲は共産主義者ではなかったが共に解放され一〇日は行動を共にしていた（4）。

治安維持法の廃止と朝鮮人

一〇月四日、全政治犯の釈放が命じられて、長く朝鮮人を苦しめていた治安維持法、予防拘禁所関係法令は撤廃された。法務省から各刑務所へ通知が出されたのは五日である。さらに、これに関与していた関係官僚、官吏は活動を禁止された。金天海たちを苦しめた特別高等警察も解体が指令された。こうした処置によって松本一三などが府中刑務所から出て外部と連絡ができるようになったのである。朝鮮人が訪問しても拘禁所内へ受け入れられたのである。獄中の松本一三は金天海から依頼さ

日本における朝鮮人政治犯釈放状況

刑務所名	朝鮮人数（日本人を含む）	人名
金沢刑務所	8（11）	
宮城刑務所	4	金本漑国　柳在價　安田秉郎　金思舜
府中刑務所	2	金天海　李康勲

注1　創氏名の人もいる。新聞資料のため漢字が誤りの場合がある。また、宮城刑務所の安田については確認できない。
注2　各新聞報道から作成した。他の各地刑務所にも朝鮮人政治犯がいたと考えられるが調査されていない。

れ、都内で活動を始めていた金斗鎔と連絡をとったのである。金斗鎔は解放前の朝鮮新聞社時代に共に活動していた同志でもあった。金斗鎔は金天海の出獄を迎える準備を始めたのである。

こうして日本国内の各刑務所の政治犯が次々と釈放された。この中には多くの朝鮮人が含まれていた。政治犯とされた人のうち、わかる範囲では前頁の表のようになる。

朝鮮人たちは解放直後から組織運動を始めていく。

朝鮮人たちの解放直後の組織運動

一九四五年八月に在日朝鮮人は二〇〇万人を超えていた。日本国内の多数の都市は空襲で破壊され、朝鮮人の戦災者は二三万人に達していた。本格的な空襲が始まると朝鮮人の多くが帰国しようとしたが連絡船などは機能せず、また、切符の入手ができないなどで帰国できなかった。やむをえず日本の農村に疎開した人々も多かった。そこでも差別が酷く生活は困難であった。人々は解放と同時に帰国を希望し、強制動員労働者は政府主導で、一般朝鮮人は船を仕立てて自主帰国を始め、四六年初からはＧＨＱの司令をうけ政府主導で帰国が計画的に始まった。

一方、在日朝鮮人は帰国援助や解放後の生活を守るために解放前にもあった自主的な組織を作り、帰国、生活など助け合いを始めることになる。朝鮮人の自主的な組織化が進められる。八月中には東京・神奈川・大阪などに多くの団体が結成される。その後、統合が進み在日朝鮮人連盟中央会を結成していく。在日本朝鮮人連盟中央総本部は一〇月一五日に結成される。さらに朝鮮人連盟の組織は一斉に各県で結成されていく。この時点での組織の特徴は解放前に協和会の役員をしていた人や企業家など政治的な立場を異にしていた人々が共に行動していたことである。

さらに獄外にいた戦前からの朝鮮人活動家、金斗鎔たちによって朝鮮人政治犯釈放委員会が九月二四日に結成される。これらの人々が金天海などの政治犯釈放と歓迎会の準備をしていったのである(5)。

これら朝鮮人の動きの活発さに比べて、日本人の戦前の組織の回復がおくれていることが、金天海の出迎えが朝鮮人が多数になったことにも示されているといえよう。

金天海の活動再開

すでに府中に訪ねてきた朝鮮人との交流が活動再開とも考えられるが、一〇月一〇日の解放からが活動の再開というべきであろう。

金天海の解放後の活動は二つの側面から検討すべきであろう。一つは日本共産党員としての活動であり、もう一つは在日本朝鮮人連盟の運動に参加することであった。

解放後はこの二つの組織に属しながら活動を展開していく。

これを支えた前提として、両組織を超えて金天海が在日朝鮮人民衆に人気があったことを取り上げておきたい。金天海はすでに十数年間も獄中で生活し、非転向を貫いた民衆の擁護者として伝説的な人物になっていたと思われる。その存在を知らない在日朝鮮人はいなかったのではないかと思われるほどである。金天海がどこに行っても在日朝鮮人に囲まれて、演説は下手という意見が多いが、演説会はどこも満員になったといわれている。

当初、金天海は民族的な英雄として各地の出獄者歓迎大会に出席していた。

一〇月一九日　大阪中之島公会堂　出獄同志歓迎人民大会が開催され、徳田と金天海が参加、一万五〇〇〇人が集まった。

一一月七日　東京神田　自由解放運動犠牲者追悼全国大会開催。宮本顕治、金天海が参加。などである。

時がたつにつれて在日朝鮮人のあいだで金天海の名が広がっていたのである。朝鮮人としての長い獄中生活と非転向であったことが朝鮮人たちの心をとらえていたのである。

金天海は次第に在日朝鮮人のおかれていた状況について理解を深めていたが、そこは解放前には見られないような日本と、在日朝鮮人社会になっていた。

解放直後の朝鮮人社会

解放前の朝鮮人社会は特別高等警察内鮮課が直接管理していた。労働現場でも配給、神社参拝など生活のすべてを特別高等警察が統制していた。協和会という組織へ全戸主を参加させ、協和会手帳を持たせ、持たないものは監視の対象になった。一九三九年、東京に中央協和会が、各県の支部は警察署を単位に組織されたのである。日本人が市町村単位に組織されていたのとは違う、治安維持の最先端の機関が朝鮮人を支配・統制したのである。解放後まで問題になるのはこの組織に協力させるために朝鮮人知識人、有力者を協和会の役員としたことである。彼らに神社清掃、参拝、国防献金、創氏改名事務、在日朝鮮人徴兵等の戦時協力を強要したのである。協和会は朝鮮人にとって憎悪の対象になったのである。

このため、当初は自主的に結成された朝鮮人諸団体の役員には協和会に協力した人も参加していたことから批判の対象になったのである。これが朝鮮人連盟に対抗して設立された在日本朝鮮居留民団（以下、民団）設立の要因の一つとなったのである(6)。

解放後は特別高等警察の解体と課員の一部の追放が行われて、こうした統制組織からは自由になった。しかし、それまで就労していたすべての職場から一部の炭鉱を除けば朝鮮人は追放された。日本人の朝鮮・中国を含むアジア各地からの帰国とすべての軍需産業の崩壊という事態となり、すぐには平和産業への転換もはかばかしくなかった。経済体系が崩壊したのである。朝鮮人たちは生活の場をなくしたのである。朝鮮人たちは帰国するか、日本で生活するかどちらかの道を選択せざるを得なかった。

一方、朝鮮人の大半は日本での差別の厳しさから帰国の道を選択していた。また、祖国がすぐに独立できると考えられていた。大半の在日朝鮮人は帰国する行動を具体的に始めていた。それまで規制されていた帰国の道を開くことができて、自力で仕立てた小型船や日本人の帰国船の復路を利用して帰国した。四六年からは占領軍の指示で計画的な帰国が始まった。しかし、植民地下に米の収奪が厳しく、一九四二年から続いた三年連続の凶作と、一九四五年の麦の凶作もあり、朝鮮本国の食糧事情は厳しかった。また、帰国した青年たちは日本で教育を受け、朝鮮語を十分に話せない人もいた。いったん、こうした人々の一部は帰国したものの日本へ再渡航をした人も多い。さらに解放以前に朝鮮での土地所有ができなくなり、日本への渡航を選択した人々は新たに朝鮮で農地を手に入れなければならなかったが簡単にはいかなかった。すでに朝鮮農村での生活基盤を持たなくなっていた人も多いのである。こうした人々はすぐに帰国できなかった。朝鮮での生活難も在日朝鮮人に伝わっていたのである。

在日を選択した朝鮮人は戦時下から始めていた闇米の運搬やどぶろく造りで生活をつなぐこととなった。さらに、日本政府は植民地支配責任という視点から在日朝鮮人への対応をすることもなく、さらに日本人一般の差別視も戦前と変わりなかった。植民地支配の歴史についての日本人民衆の認識は戦後を迎えても変わらなかったのである。在日朝鮮人は自分で生活と権利を守る運動を展開しなければならない状態になっていた。朝鮮人は当初、左右を問わず新しい組織に集まった。一〇月一五日に結成された在日本朝鮮人連盟の結成がそれを象徴していたのである。

こうしたなかで金天海は活動を再開させる。朝鮮人として、共産党員としての解放後の活動である。まず、解放の時から行動を共にしていた日本共産党員たちとの活動を見てみよう。

日本共産党員としての活動

獄中でも、解放された時点でも戦前期の一国一党の組織原則は変わっていなかった。金天海も日本共産党員としての活動を始める。当時、解放された朝鮮人の活動と解放前に活動をしていた朝鮮人たちの戦後日本の民主化運動にはたした役割は極めて大きかった。地方、中央でも活動家の多くが朝鮮人であった。こうしたこともあって彼の活動の場の一つは共産党の活動で、それも中央本部の一員としての会議などへの出席や大衆集会への参加活動であった。

ここで問題とされたのは、朝鮮人の日本共産党員として、どう朝鮮人民衆に接していくのか、特にどう朝鮮人としての民族的な要求と矛盾なく解決していくか、ということであった。日本共産党は日本の社会問題や日本人を中心にした課題を解決するためにあった。「日本革命」が課題であった。朝鮮人党員も日本革命を成功させることが在日朝鮮人問題の解決につながるという立場である。一方、朝鮮人としての独自な民族的な要求を重視して活動をすすめていこうという考え方が存在した。この課題を矛盾なく解決することは極めて難しく、独自に取り組むことが必要であった。

戦後、この問題について主導的な役割をはたしたのは金斗鎔であった。彼は復刊された共産党の機関誌『前衛』などに論文を執筆し、日本革命を遂行することによって在日朝鮮人問題の解決につながるという立場をとっていた。後に発表された論文を含めて金斗鎔は朝鮮人日本共産党員という立場の位置づけをしたのである。

しかし、金天海は明確な論文にはなっていないが、日本共産党員としての立場を明確にしたうえで、朝鮮人の民族的な、現実的な立場を尊重していたのである。在日朝鮮人の要求を重視した活動を提起しているのである。

これを示すものに金天海の共産党の内部会議での在日朝鮮人運動についての次のような発言がある。

長文になるが、日本共産党員としての金天海の、現実的な在日朝鮮人に対する基本的な姿勢を示しているので全文を紹介しておきたい。今のところこの文章以外には在日朝鮮人運動と日本共産党の関係に関する論文は発見されていないと考えるためでもある。

この金天海の発言は解放後間もない一九四五年一一月八日～一〇日に共産党本部で開催された会議でのもので、『日本共産党全国協議会議事録』にある。発言そのままの記録と思われる。議長は徳田球一が務めている。金天海の肩書きは設置されていた日本共産党朝鮮人部代表としての発言である。

「朝鮮人部代表　金天海

朝鮮人部の報告を致します。始めに朝鮮人部というのはどういうものか、それを皆様にお話します。

朝鮮人部というのは一九二八年頃までは在日本朝鮮人の労働者を組織し指導するために、朝鮮の共産党の日本支部というものがありました。それが日本に居る朝鮮人労働者の指導をして居りましたが、それは原則的によくない。云うまでもなく一国一党が原則であるからその原則に反するというので、日本支部が解消され、日本共産党朝鮮人部、ということになりました。

しかるに日本共産党は最近促進委員会を設け、党の拡大強化の運動を始めましたが、それと共に朝鮮人部の方もそれぞれの同志を糾合して活発に運動を展開しています。そして朝鮮人部の促進委員会を設けました。

活動の方を申し上げますと、今までの処、党員獲得と朝鮮人のすべての大衆団体の方面に活動を致しました。自分から進んで党に入りたいという希望者が沢山居ります。ところが朝鮮は今迄日本の帝国主義の支配下にあったが今度独立をし、特殊的な事情がありますので、朝鮮人部ではなく、党の日本支部を設けたいという一部の意見がありましたが、それは原則に反することでもあるし、よくないというので、矢張り日本共産党のなかに朝鮮人部を設けてやった方が日常利益を守る上にも、原則の上からも日本の党のなかに朝鮮人部を設けるのが正しいと云うことになって居ります。今日見えた方は少ないですが、東京地方には党員が沢山居ります。履歴書を出した党員申込者も候補者も沢山居ります。日本各地に党の運動を希望している者が沢山居ります。只今は手不足でまわらないが、今度の協議会が済んだら全国的に手を伸ばしてやれば急速に党員のふえる見通しがあります。

我々は党は何処までも階級的党でありますから、決して民族的なことに促《(ママ)》われたり、感情に促われてはならないと信じております。そういう風に指導しております。朝鮮人の指導は慎重にやらなければならない。それですからもう朝鮮には独立した何でもかんでも独立しようという意志が昂っております。こういう時に我々がそういう人たちの気持ちを無視して何でもかんでも階級的な党に入れ、と言えば不利なことがあります。

そういう人達の利益を全部考慮しつつ、我々は大陸的に結束して、共産主義的な民族政策、帝国主義から独立し、あとには自由意志に依る社会主義の旗の下に、全世界的に結束するという処まで行かなければならない、これが我々の任務であります。現在は朝鮮人の民族的な要求を尊重してやらなければならない事が沢山あります。また、朝鮮の人たちはすべての日常の問題、色々な生活一般に関する問題が沢山あります。そういうことは党の指導の下に日常生活、当面の利益を守らなければならない事であります。

もう一つ重要なことは、我々は今朝鮮が独立したから革命を遂行するために階級的に団結し、目的達成のために働くことは良い事なのですが、朝鮮人は特別で長い間国を離れていたので帰りたい、帰りたいという。そういう人達が沢山あるので無理に引き留める事はしないで、帰りたい人は帰っても良い。ただ此処に居る間はプロレタリア階級として、日本のプロレタリアと兄弟として団結、結束して最後の目的達成のために協力する、又、帰るとしてもプロレタリア階級的に教育をしなければならないと思います。

この意味に於いて日常の利益を守ると共に教育が重大であろうと想います。そういう仕事を我々朝鮮人部はやるべきだと思います。今でも我々に非常に色々なデマが飛ばされております。然し今日は共産党のみが正しいと言うことを全世界が見ている。ですから共産主義者であるということは誇りである、という態度をもって凡ゆる場面に処さねばならない。これは云う迄もない事ですが、今日我々が最も注目すべき事は、一方に於て民族主義的思想が昂揚している時に、日本共産党員だという風に矢鱈に名乗ると、民族主義者、或いは大衆からあれは親日派、日本の犬ということで排撃されるから、そうでなく充分に教育し、啓蒙してあゆう人たちこそ天皇制を打倒して人民共和政府を樹立する、ということを知らせるには親しまれなければならない。それにはあの人達があれは信じても良い、と我々から離れないようにしなければならない。それには日本共産党員だと振回さないで、綱領、政策を大衆に滲透させる事が急務であると思いますから、我々は国に帰ったら朝鮮の真の独立、自由のために働くものは、日本共産党朝鮮部以外にはないという自信と誇りを持って、新建設に努力したいと考えて居ります。日本に居る間は落着いて日本のプロレタリア階級と結合して、セクト的な行動をとらぬ事が最も大切だと思います」

ここで金天海が第一に説明しているのは、朝鮮が独立したのに、なぜ日本共産党員になるのかという朝鮮人大衆の疑問に対する説明である。原則であるからという説明で、この限りでは説得力があるとは思えないが、共産主義が最も崇高な原則であるとする信念からの説明である。この時点で解放前からの活動家、すなわち朝鮮人共産党員で、戦後の日本共産党に再結集していた人々は少なかったと考えられること、新しい共産党員としての知識を身につける場がなかったこと等を考えるとこうした説明が理論的に理解できたか、は明確でない。

第二には朝鮮人入党希望者が多いというのは朝鮮植民地支配への抵抗、或いは在日朝鮮人抑圧に抵抗していた人々、すなわち共産主義者に対する畏敬の念が朝鮮人たちを共産党に結集させる要因となっていたことである。こうした理由から朝鮮人入党希望者が多く、実際に党員として日本共産党員として活動していくのである(7)。

第三に金天海らしい言い回しをして「階級的な党である」ことを原則にしながらこの時点での帰国したいという「朝鮮人の意向を無視して何でも階級的な党に入れ」というのは無理であるとしている点にある。階級的な立場や共産党を理解していなくとも「大陸的」な立場で結束していこうと呼びかけている。

第四には在日朝鮮人大衆の生活を心配していることである。彼は運動の発展は現実の日常的な問題の解決の助けになるということを知っており、そこに重点を置こうとしているのである。当時、朝鮮人の職場はなくなり、新たな生活の困難が待ち受けていたのである。

第五には朝鮮人の気持ちを大切にする金天海の意向として帰国したいという朝鮮人の帰国希望を大切にして、帰りたいと思う人は帰っても良い。これを、朝鮮人は特別な歴史を持っており、帰国を希望すれば帰国することを支持すべきであるとしている。このうえで、日本にいる間は日本のプロレタリア運動に参加すべきである、としている。

第六には日本共産党員であることを振り回さないで、大衆に支持されるようにしなければならないと強調している。絶えず大衆の気持ちに添って運動を展開しなければならないという姿勢を貫いているのである。日本にいる間は日本共産党員として運動を進め、帰国したら朝鮮プロレタリア組織に協力すれば良いとしているのである。

これらの特徴を持った報告であった。全体にいえることは在日朝鮮人大衆の希望や気持ちを大切に、生活問題の解決をを重視して、原理・原則のみを振り回すなと説いているのである。解放前の運動から得た教訓から解放後の在日朝鮮人民衆と共に歩むことの重要さを説いているのである。府中刑務所から解放されてわずか一月もたたないうちに出された在日朝鮮人運動に対する見解としては優れたものであったといえよう。

在日本朝鮮人連盟と金天海

在日朝鮮人たちは解放と同時に全国各地で組織作りを始めた。この状況についてはいくつかの研究書で触れられている。こうした在日朝鮮人の行動は朝鮮における解放直後に行われた解放を祝う行動や建国準備委員会の結成と軌を一にした行動である。朝鮮でも日本でも、総督府の支配・日本の内務省の統制とは一定の距離をおいていた人々がいた。日本に完全に同調していたのであれば金天海を迎えに行くというような朝鮮人大衆の行動はあり得なかった。朝鮮と在日朝鮮人の大半は朝鮮総督府・内務省下の協和会と一定の距離をもっていたのである(8)。

日本各地にできていた朝鮮人団体は統一組織を結成した。金天海が解放された五日後の一〇月一五、一六日であった。在日本朝鮮人連盟である。金天海は刑務所から釈放されたときに着ていた灰色の服で天皇制廃止などを挨拶のなかで訴えたとされている。この時点での金天海の肩書きは朝鮮人連盟の副委員長であったと報じられている。この決定経過については明らかでないが、主要な人物として処遇されたものと思われる。その後の役員名簿ではこの大会で役員としての名前はない。顧問として位置づけられているという説もあるが明確ではない。金天海は共産党の幹部役員になっており、共産党員としての活動に重点があったと考えられる。

この大会が注目されるのは全国的な統一された朝鮮人組織が戦後初めて結成されたということである。この大会には各地域の協和会の役員をしていたような有力者、キリスト教徒、解放前の労働運動家、共産主義者などさまざまな分野からの参加者が集まった。幅の広い組織であった。皆、朝鮮の独立、帰国、日本の植民地支配、差別に対する批判で結集したのである。こうした主張によって朝鮮人民衆は当時の日本社会にあって先進的な役割を果たすこととなった。

朝鮮人連盟の結成は、日本の労働組合組織や革新系政党の結成よりいち早く組織されていることが注目すべきことであろう。この先進的な運動は日本の労働運動にも大きな影響を与えていた。

また、この第一回大会の開催は日本全国の在日朝鮮人連盟支部組織の結成をうながすものとなった。その後の朝鮮人の帰国・生活擁護などに大きな役割を果たすことになった。

この組織は、当時の共産党の指導によって組織されたのではなく、朝鮮人民衆の意志で組織ができたのである。この時点では朝鮮人独自の意志で作られた組織であった。

このような朝鮮人全体の昂揚した雰囲気のなかで、先のような金天海の朝鮮人民衆を尊重する見解が生まれたのである。

なお、この大会では二日目になると、戦前日本の在日朝鮮人政策が朝鮮人に与えた抑圧の影響が現れたのである。主に解放以前に労働組合運動などで活動していた人々が、一心会、相愛会、協和会の役員など民衆抑圧の側に立っていた人々を批判し、排除しようとする動きが表面化したのである。これには一般参加者の支持と解放以前の活動家の影響が強くなったことを意味していた。大会では日本に特に協力してきた人々が厳しい批判を受けた。

左右対立の芽が生まれ、在日朝鮮人連盟に対立する組織ができる要因の一つになった。朝鮮人連盟から排除された人や協和会に積極的に協力した人々などが一九四六年一月二〇日に「新朝鮮建設同盟」を結成した。秋田刑務所にいた朴烈なども参加して、同年一〇月三日に「在日本朝鮮居留民団」を結成した。しかし、この団体はこの時期は支部組織や会員数も少なかった。在日朝鮮人の大衆的な基盤は持ち得なかったのである。

金天海の戦後活動

この時期の金天海の活動は二つあり、日本共産党員としての活動と朝鮮人連盟の運動であったと考えられる。

この二つの組織は当初は別の組織であったが日本共産党の指導力が強くなると朝鮮人連盟はその影響下に置かれることとなった(9)。

金天海は在日朝鮮人運動では常に指導的な立場にいたといえる。先に見たように四五年一〇月に金天海は日本共産党朝鮮人部の責任者になっていた。金天海の日本共産党に関わる役職は以下のようになる。

金天海と宮本百合子。日本共産党本部での撮影と思われる。

一九四五年一二月　日本共産党第四回大会で中央委員七人中の一人として金天海が選出される。他一名の朝鮮人が中央委員候補になる。

一九四六年二月　日本共産党第五回大会で中央委員二〇人中の一人として金天海が選出される。中央委員候補二〇人中の四人を朝鮮人がしめる。

一九四七年一二月　日本共産党第六回大会で中央委員二五人中金天海他一人が朝鮮人であった。中央委員候補一〇人中二名が朝鮮人であった。

その後、在日本朝鮮人連盟は一九四九年に解散させられた。また、日本共産党中央委員会委員が一九五〇年に追放され、彼も対象者として追われることとなったが、帰国する時点でも中央委員であった。この間、一貫して朝鮮人運動関係の責任者であり、日本革命を遂行するという意志を持って活動を続けていた。

一方、一般の朝鮮人たちの入党者は増加し続けていた。金天海は全国各地に講演などで出かけていたが彼が朝鮮人集住地区で話し、入党を呼びかけると集団で入党したといわれている。しかし、入党者の人数、日本人党員との比率などは明らかになっていない。

こうした朝鮮人共産党員たちは日本共産党組織で日本人と共に日本の民主化の闘いに参加していた。メーデー事件で枝川町から動員された朝鮮人たち、あるいは大須事件、吹田事件等にも多くの朝鮮人が参加していたが、多くが朝鮮人日本共産党員の指導に基づいていたと考えられる。こうした運動は集会参加にとどまらず、日雇い労働者の組織である全日自労等の労働運動の場でも行動を共にしていた。朝鮮人の多い全日自労の分会では朝鮮語のビラなどが作成されていた(10)。

しかし、在日朝鮮人が日本の戦後組織労働者に占める比率は極めて低く、戦後企業における組織労働運動にはたした役割は少なかったといえよう。朝鮮人がすべての企業からの就労から除外されたためである。もちろん、例外的に炭労(日本炭鉱労働組合)委員長になった田中章(申長求)のような人物(11)もいたが、一定の人員の朝鮮人を組織できていた企業は少なかった。こうした要因から朝鮮人共産党員の活動は企業より集住地区を中心にした活動になっていたといえよう。金天海はこうした集住地区を中心に全国のほとんどの集落を回って歩いていたのである。そこには大半の地域で朝鮮人連盟が組織されていた。朝鮮人連盟の幹部は共産党員たちがつとめることとなり、朝鮮人地域社会運動の中心となっていった。

〔注〕

(1)『読売報知新聞』一九四五年一〇月三日付による。記者は外国人記者三人と府中刑務所を訪問し、共産主義者徳田球一、志賀義雄と会ったと書き、二ヶ月前に豊多摩予防拘禁所から移されたことなどが報じられている。一六名の共産主義者がいたとされているが他の人物のことには触れられていない。

（2）『読売報知新聞』一九四五年一〇月八日付「味噌汁に喜ぶ闘将一六名　晴れて殺人刑務所を語る」記事による。解放後に初めて公表された金天海の写真だが不鮮明である。

（3）敗戦末期、金斗鎔は星野なおと共に生活して都内に住んでいた。獄中からの連絡で金天海が府中にいることは知っており、一〇月一〇日以前には連絡を取り合っていた。金斗鎔は一九二〇年代後半からプロレタリア芸術運動関係の仕事や朝鮮新聞社で編集を担当していたので金天海とは旧知の間であった。府中刑務所からの政治犯解放の経過について詳細は井上学「一九四五年一〇月一〇日　政治犯釈放」『三田学会雑誌』一〇五巻四号、二〇一三年刊を参照されたい。

（4）李康勲は上海で日本政府要人暗殺を計画したが逮捕された人物。豊多摩予防拘禁所での空襲の様子やその後の府中刑務所でのこと、解放直後のことを書いている。彼と徳田、志賀、金天海は一〇日にGHQに連行され、取り調べに近い質問をいくつかされたといわれている。

（5）この時期の朝鮮人運動の組織化運動については朴慶植『解放後在日朝鮮人運動史』三一書房、一九八九年に詳しい。また、それぞれ特徴があるが在日本朝鮮人連盟については呉圭祥『ドキュメント在日本朝鮮人連盟』岩波書店、二〇〇九年刊、鄭栄桓『朝鮮独立への隘路――在日朝鮮人の解放五年史』法政大学出版会、二〇一三年刊が金天海が解放後に在日した時期を取り上げている。

（6）協和会については樋口雄一『協和会――戦時下朝鮮人統制組織の研究』社会評論社、一九八六年刊及び同「協和会から興生会体制への転換と敗戦後への移行」『海峡』二三号、二〇〇九年刊所収を参照されたい。

（7）在日朝鮮人の金天海に代表される共産主義者に対する支持は府中刑務所への出迎えだけではなかった。その後も支持の輪が広がった。解放直後の日本共産党員に占める朝鮮人の割合がどの程度であったかについては明らかではないが、運動資金を含めてその比率は大きかったと考えられる。

（8）朝鮮の抵抗のあり方については、朝鮮については樋口雄一「戦時末期朝鮮邑面の機能と朝鮮民衆との乖離について」松田利彦・陳姃湲編『地域社会から見る帝国日本と植民地』思文閣、二〇一三年を、日本国内については樋口雄一「在日朝鮮人部落の積極的役割について」『在日朝鮮人史研究』創刊号、一九七七年、戸塚秀夫「戦時労働動員体制下の別天地」『大原社会問題研究所雑誌』六三八号所収、二〇一一年を参照されたい。

（9）在日朝鮮人が戦後日本共産党員であったことについては日本共産党の党史などでは正確に評価されていない。同じように在日本朝鮮人連盟の後継組織である在日本朝鮮人総連合会でも日本共産党で活動したことについては組織的に評価が行われていない。事実については歴史的に評価をしておくべきであろう。ここでは事実としてできるだけ正確に金天海の活動概要についてのべておきたい。

（10）戦後在日朝鮮人は戦前に就いていた大半の職業、鉱山・炭山・工場などから追放され、就労の場がなかった。朝鮮人は「闇」商売や濁酒製造などで生計を立てていた。一九五二年当時の法務省入国管理局の職業調査では全在日朝鮮人五三五、八〇四人のうち、最も高い就労者の比率を示していたのは日雇い労働の六・六％であった。六一・三％が失業者であった。組合といった組織労働者のなかでの朝鮮人大衆の組織活動が少なかったのはこのためである。全日自労はその中でも在日朝鮮人の比率が高かった組織である。

（11）田中章に就いては井上学「炭労委員長田中章と国籍問題」『海峡』二五号所収、二〇一三年に詳しい。

第6章　朝鮮人連盟での活動

朝鮮人のなかで

金天海の活動は戦後日本共産党員となった後も朝鮮人と共にあった。日本共産党の活動は徳田球一、志賀義雄、後には野坂参三、宮本顕治などを中心に行われ、それについては金天海はどれほど関与していたかは明らかでない。しかし、それほどの関与はしていなかったと思われ、日本人共産党幹部も金天海の朝鮮人連盟などでの行動や発言について指示的なことは行わなかったと思われる。史料的な裏付けはないが、戦前からの同志的な連帯感がそうさせていたと考えられる。金天海は先の会議での発言に見たような朝鮮人の気持ちに忠実に歩むことを考えていた(1)。この活動の場になったのが在日本朝鮮人連盟であった。

一九四五年一〇月一五日の朝連の創立大会では綱領がきめられたが、そのなかでは日本人との互譲友誼をうたう以外は朝鮮人の当面の帰国、日本での生活安定、新朝鮮建設などの朝鮮人にとって必要

朝鮮人連盟高等学院での金天海（中央、ネクタイ姿）。その右は徳田球一。1947-48 年頃の撮影と思われる。

な課題が掲げられている。金天海はこの大会で演説して天皇制の打倒などを訴えている。天皇制下で苦しめられた朝鮮民衆の戦前からの課題でもあった。さらにここでは在日朝鮮人の親日派批判を行っている。また、この大会では朝鮮人連盟の特別顧問になったともいわれているが主要な役員等に名を連ねていない。

一九四五年一一月一八日の朝鮮人連盟の会議では日本革命を課題とするような内容の決議は行われず、当時の在日朝鮮人の課題が活動目標とされていた。

しかし、日本共産党の影響が強くなると運動方針のなかに日本共産党の方針に従った運動が展開されるようになる。朝鮮人連盟の一九四七年一月の中央委員会で日本共産党の運動方針を受け入れ、日本の民主主義戦線の一組織として活動していくことを朝鮮人連盟で確認したのである。同年一〇月の全国大会での朝鮮人連盟の組織は四八地方本部、六三二支部、一七〇五分会、加入者六一四、一九八人であると発表した。加入者数からはほとんどすべての在日朝鮮人が参加していたことになる。誇張があると考えられるが組織強化が進んでいたことが確認できよう。こうした方針の実施にあたって金天海はどのような態度であったかを明確に示す資料はないが、肯定的に受け止めていたと考えられる。金天海は全国の支部、分会を訪ね、話を聞き、集会などに参加していたことが『解放新聞』などで確認できる。すでに、この時点では金天海は朝鮮人運動の象徴的な存在になっていたとおもわれる。また、在日朝鮮人大衆には全体的に人気があり、彼が行った所では地域の大半の人々が集まり、彼の呼びかけに応じて党員になる人々も多かった。実質的には金斗鎔、韓徳銖などのグループが朝鮮人連盟運動を指導していたと考えられる。

こうした朝鮮人連盟での活動も行っていたが、彼が力を入れて関わったのが新たな新聞の刊行であった。

解放新聞社と金天海

朝鮮人連盟の機関誌としては『朝連時報』『朝連中央時報』など、紙名の変更があったが、組織の中央機関紙が刊行されていた。また、出版活動も活発であった。しかし、金天海を中心に刊行された『民衆新聞』は幾度かの変遷があったが、その後は『解放新聞』として朝鮮人大衆に大きく支持された新聞になった。解放新聞社では解放後の記録をまとめた『解放年誌』を一九四六年に刊行するなど活発に活動していた。

金天海が解放された一九四五年一〇月一〇日に創刊号が刊行されているが、同一〇月一五日付に出

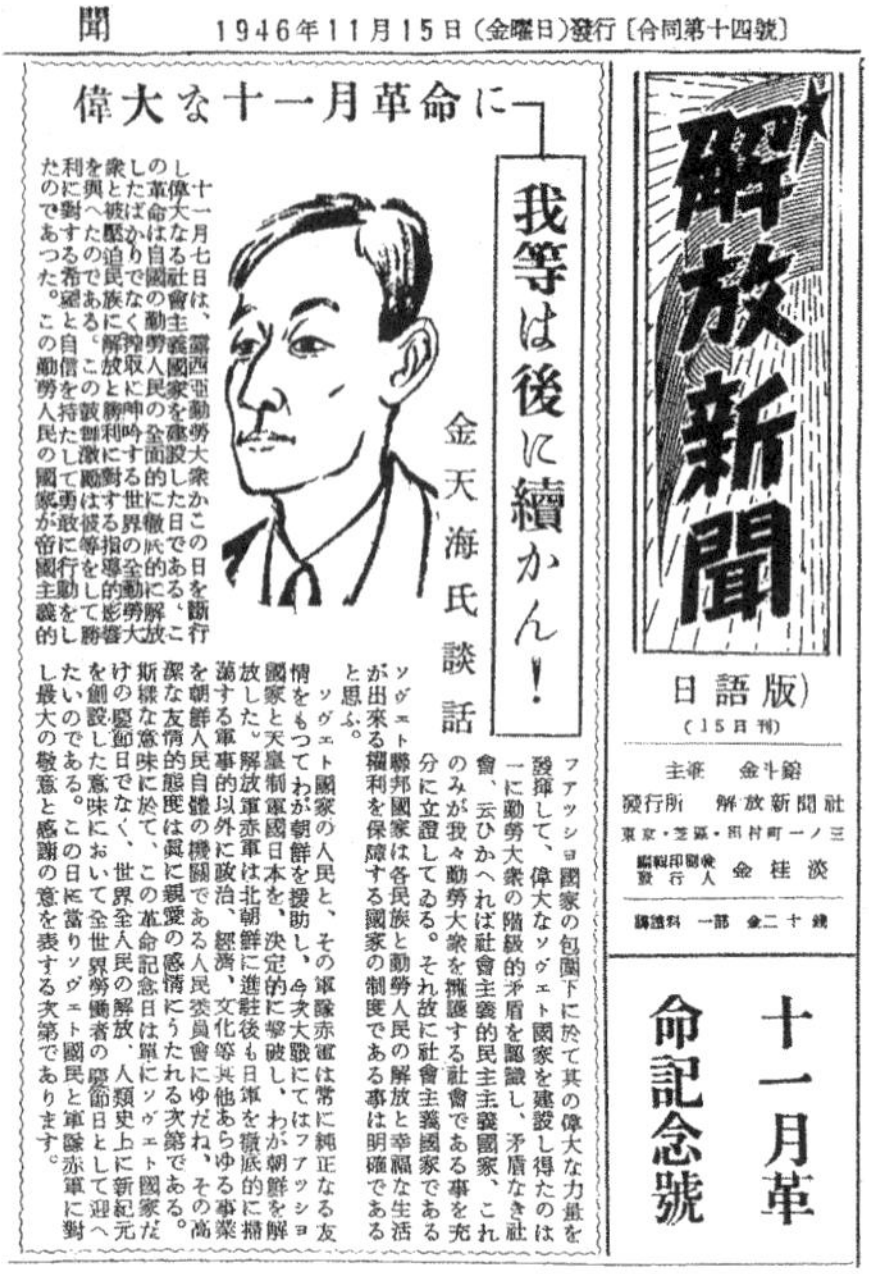

聞　1946年11月15日（金曜日）發行〔合同第十四號〕

★解放新聞

日語版）
（15日刊）

主筆　金斗鎔
發行所　解放新聞社
東京・芝區・田村町一ノ三
編輯印刷兼發行人　金桂淡
購讀料　一部　金二十錢

十一月革命記念號

偉大な十一月革命に

我等は後に續かん！

金天海氏談話

十一月七日は、露西亜勤勞大衆がこの日を斷行し偉大なる社會主義國家を建設した日である、この革命は自國の勤勞人民の全面的に徹底的に解放したばかりでなく搾取に呻吟する世界の全勤勞大衆と被壓迫民族に解放と勝利に對する指導的影響を與へたのである。この鼓舞激勵は彼等をして勝利に對する希望と自信を持たして勇敢に行動をしたのであつた。この勤勞人民の國家が帝國主義的ファッショ國家の包圍下に於て其の偉大な力量を發揮して、偉大なソヴエト國家を建設し得たのは一に勤勞大衆の階級的矛盾を認識し、矛盾なき社會、云ひかへれば社會主義的民主主義國家、これのみが我々勤勞大衆を擁護する社會である事を充分に立證してゐる。それ故に社會主義國家であるソヴエト聯邦國家は各民族と勤勞人民の解放と幸福な生活が出來る權利を保障する國家の制度である事は明確であると思ふ。

ソヴエト國家の人民と、その軍隊赤軍は常に純正なる友情をもつてわが朝鮮を援助し、今次大戰にてはファッショ國家と天皇制軍國日本を、決定的に擊破し、わが朝鮮を解放した。解放軍赤軍は北朝鮮に進駐後も日軍を徹底的に掃蕩する軍事的以外に政治、經濟、文化等其他あらゆる事業を朝鮮人民自體の機關である人民委員會にゆだね、その高潔な友情的態度は眞に親愛の感情にうたれる次第である。斯樣な意味に於て、この革命記念日は單にソヴエト國家だけの慶節日でなく、世界全人民の解放、人類史上に新紀元を創設した意味において全世界勞働者の慶節日として迎へたいのである。この日に當りソヴエト國民と軍隊赤軍に對し最大の敬意と感謝の意を表する次第であります。

『解放新聞』1946年11月15日付。

された新聞では役職員は次のようにされている。

社長　金天海、主筆　金斗鎔、編集局長　劉宗煥、発行人　金桂淡となっている。その後、変遷があるものの、このうち、劉宗煥を除けば金天海を含め、すべて一九三六年に朝鮮新聞社で『朝鮮新聞』を編集・刊行した仲間で、一斉に逮捕されたメンバーである。この時、逮捕された人々は拷問が原因で死亡した李雲洙や帰国した人などもいたと思われるが、日本に残り東京付近にいた人は、解放後に直ちに再結集して新聞の発行をいち早く実施したのである。彼らは実証できる資料はないが戦時下にも連絡をとっていたと考えられる。

この『解放新聞』の発行に長く関わった金桂淡(2)は新聞の発行の拠点としていた小石川区白山御殿町一〇六に住み、新聞の発行、維持に専念していた。ここに社員たちと共に暮らしていたのである。彼は新聞発行のための財政的な保障と働く人々の食事などの世話をしていたといわれる。

『解放新聞』は在日朝鮮人の生活報道に重点を置いていたが、南朝鮮における労働運動や北朝鮮における改革など朝鮮における労働・社会運動を大きく紹介していた。南朝鮮の鉄道争議、北朝鮮の改革などを紹介していた。

朝鮮民族の動向を詳細に紹介していたのである。日本革命というより、朝鮮民族としての意識を高めることを目的としているように見える編集が行われていた。金天海は社長という肩書きはすぐに外されているが、一年後に『우리（ウリ）新聞』（一九四六年八月一五日第一号）と社名を変更したときは「社代表」として執筆している。その後、解放新聞社となるが、一貫して朝鮮の動向紹介に重点を置いている。解放新聞社が金天海の戦後活動の場となっていたのである。金天海は論説などで理論的な発言をすることは少なかったが、さまざまな民族の記念行事や集会での発言などが紹介されている。民族的な立場をもって朝鮮人大衆に訴えていることに注目しなければならないであろう。

小石川区白山御殿町一〇六番地

小石川区白山御殿町一〇六番地は解放新聞社の発行地であり、金桂淡の住所でもあった。同時に金天海の住所もここであり、今のところ確認できる住所としてはここ以外にない。当時、東京は焼け野原であり、ここもバラック建てであったといわれている。この一角の二階建ての二階に彼は解放直後から住んでいたと考えられる。日常的食事などは金桂淡の家で他の新聞発行の同志たちと共にとって

戦後の主な金天海の住まい

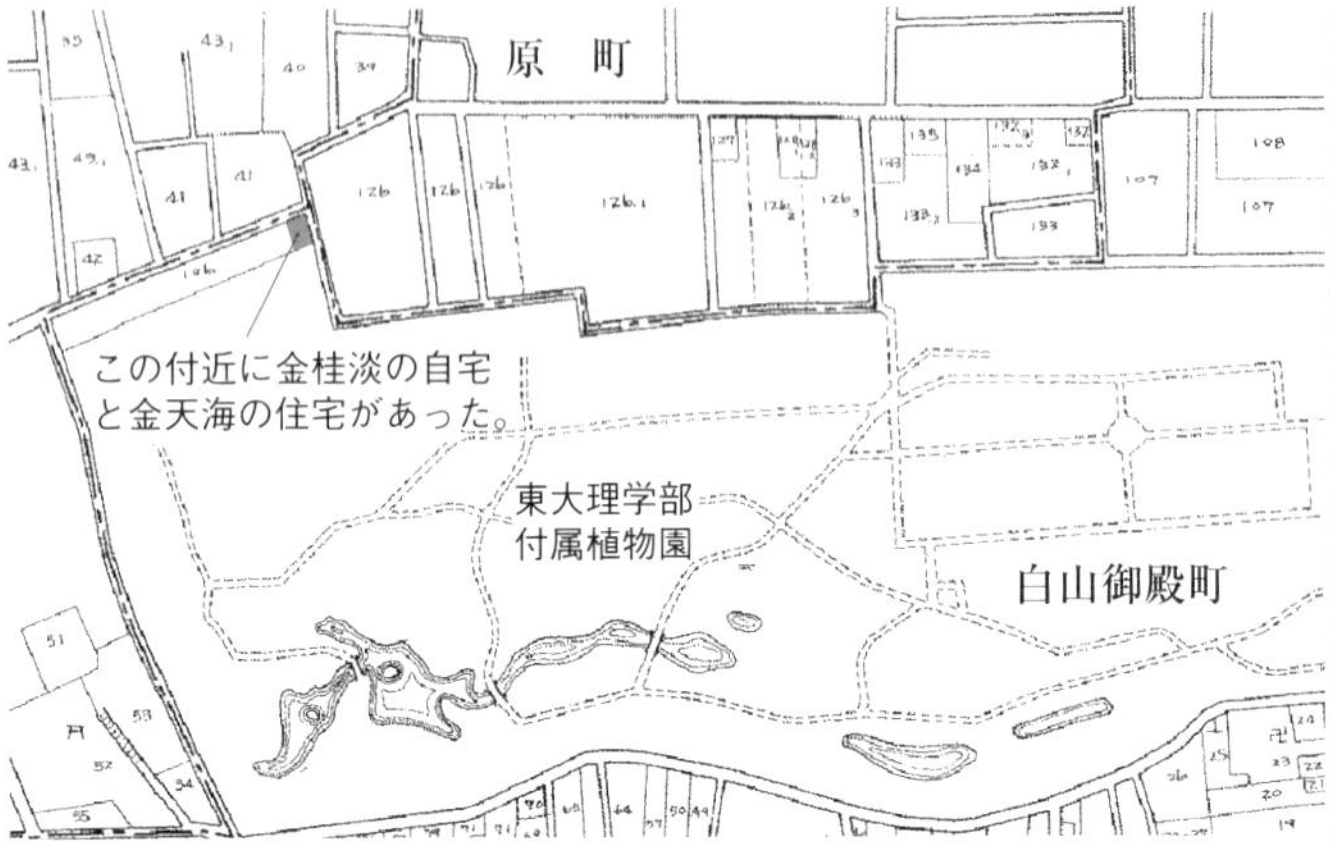

いた(3)。皆で協力して発行していたのである。金桂淡が最も尊敬していたといわれているのが金天海である。解放直後で泊まるところもなかった金天海に部屋を提供したのは金桂淡であろう。金天海は、病院に入院したり、講演で地方に出かけている以外はここに住んでいたと考えられる。

ここは東京大学付属の小石川植物園に接しているところで、御殿町の一角からは地番が少し外れている。ここにはさまざまな人が訪ねてきたが、そのうちの一人は在日朝鮮人女性同盟の委員長金恩順であったという。彼女は当時三八歳で、女性活動家が極めて少なかったなかで全国に名を知られていた女性だった(4)。彼女は金天海をたびたび訪ね食事なども共にし、同居していたといわれていた。

金天海は一人住まいであり、身の回りを世話する人がいないため、夫に先立たれていた金恩順との同居を廻りの人が勧めて暮らすことになったともいわれている。実質的にどのような生活であったかは明らかではないが、当時の食糧事情から食事は皆と一緒にしていたと思われる。

なお、金天海の韓国の家族は解放後も蔚山で生活していたが、妻は戦後初期に南朝鮮の右派である西北青年団によって共産主義者の妻だという理由で殺害され、家族にも迫害が迫っていた。すでに韓国では金天海が日本共産党を代表する人物として広く知られるようになっていたのである。金天海は蔚山の、あるいは南朝鮮の政治状況については熟知していたと思われる。蔚山へは多くの在日朝鮮人が帰国しており、また、帰国してから再び日本に来た人もいた。解放初期には往来が比較的に自由であった。韓国内の政治状況は金天海が帰国できるような政治状況ではなくなっていたのである。金天海が帰国しなかったのは、こうした南朝鮮の政治状況もあるが在日朝鮮人の帰国が進まなかったことにもある。これは南朝鮮ではインフレの進行と生活問題も深刻であるという情報が在日朝鮮人の間に広まったからである。金天海は在日朝鮮人への対応を第一に考え帰国しなかったと考えられる。

金天海は解放後の一時期、一九四六年～四九年までは会議・講演会などで出かけ、多忙であったと思われるが、東京では一九四九年の夏まではここを安住の地としていたと考えられる。

ところで、解放後の彼にとってもうひとつの闘いが待っていた。解放前に痛めた体の回復ができていなかったのである。

金天海と病気療養

獄中では瀕死の状態であったのを山辺健太郎を始め、皆の支えによって回復しつつあったが、一九四五年一〇月の解放時には金天海は四七歳であった。この時は気力は衰えていなかったものの肉体的には衰弱が激しかったものと思われる。解放後も病気がちであった。病気療養をせざるを得なかったのである。このためにも金天海は共産党の重要会議を欠席している。

一九四六年一月四日に開催された日本共産党書記局会議の議題の最後に「同志金天海見舞いの件」がある(5)。この記録は簡単なもので「中央委員会より同志金天海に見舞を出すこと」とされている。この文章からはどこに入院し、どんな病状であったかはわからないが、ある程度の期間を病気療養に充てていたことが確認できる。こうした個人の情報は公表されることがなく、隠されていたと考えられる。その後も、こうした状態が続いていたと考えられる。彼が帰国する直前も入院していたとされている。新聞記事の報道(6)であるが次のように記録されている。

「昨年（一九四九年――筆者注）一〇月初めから横浜市南区上大岡町三〇三朝倉病院に入院していた……横浜大岡署の調査によると金氏は昨年一〇月八日結核療養のために入院し地区事務所に転入の手続きをとり、本年一月二三日外国人登録切替えも同病院の番地で南区役所に登録。神奈川県地方課佐藤正三氏は三月中ごろ面会し金天海氏であることを確認している」としている。

この病院は当時、医師も入院患者も共産党員が多く、労農救援会が置かれていたという。付近では赤い病院ともいわれていた、という。健康であればこうした、病院での療養生活はしていなかったと考えられ、解放後も健康は完全には回復できていなかったと考えられる。この記事が正しいとすれば四九年一〇月から翌年五月半ばまで七ヶ月間も入院していたことになる。この間、病院から出かけたり、会議などには出席していたと考えられるが詳細は明らかでない。冷戦が始まり占領軍の意向で一九四九年九月の時点で在日本朝鮮人連盟は解散させられ、活動を規制されていたのである。この対応の手立てとして入院という手法をとったとも考えられる。

〔注〕

（1）金天海と共に活動した金斗鎔は共産党の機関誌『前衛』などに朝鮮人党員としての活動についての論文を発表している。日本共産党員と朝鮮人共産党員の関係について論じている。変遷があるが日本共産党員として活動する朝鮮人党員は民族問題より階級的な問題を課題として、日本革命のために活動すべきであると各論文で主張している。金天海の感覚とは乖離があるがこれについて論争したような文献は発見されていない。金斗鎔については前掲鄭栄桓『朝鮮独立への隘路』を参照されたい。

（2）金桂淡は一九〇九年に生まれた。咸鏡南道豊山郡出身で朝鮮新聞社の仕事をする直前には荒川親睦会の役員をしていたが朝鮮新聞創刊とともに営業部員として活動し逮捕された。敗戦と同時に『우리新聞』を発行したとされている（未見）。その後、『民衆新聞』などと紙名を変えたが『解放新聞』に至るまで発行責任者であった。彼が発行した新聞発行地は芝区田村町であった。また、金桂淡は金天海と共に共和国に帰国したともいわれているが、その後の消息については正確には把握できていない。没年につい

ても不明である。
（3）李溶極氏の証言。氏は当時『解放新聞』の発行を手伝い、敷地内で金桂淡・金天海とともに暮らしていた。秘書的な仕事もされていた。朝鮮人連盟の幹部教育機関である三・一政治学院の第一期生でもある。また、白山御殿町では他の新聞関係者も同居しており、金天海と同居していた人もいる。なお、この一帯には在日朝鮮人居住区があり、他にも多様な職業の人々が住んでいた。朝鮮人集住地区に金天海は住んでいたのである。
（4）金恩順については金栄「新宿「明月館」物語」『ほるもん文化』六、七号掲載論文がある。金恩順は一九一〇年九月一七日生。解放後は荒川地区などで活動した。短い文章であるが女性問題の小論を女性関係雑誌に幾度か執筆している。主に在日本朝鮮民主女性同盟で活動し、一九六一年に帰国船で共和国に帰国した。共和国では朝鮮女性同盟副委員長などを歴任した。一九六五年九月一五日共和国で没した。五六歳であった。同一七日に平壌で盛大な葬儀が行われて、金天海も葬儀委員の一人として紹介されている。『労働新聞』一九六五年九月一六日付、一七日付他による。一六日付には写真入りで報じられている。
（5）この会議の記録が残されている。「戦後日本共産党関係資料集マイクロフィルム版所収」。資料は井上学氏から教示いただいた。
（6）『朝日新聞』一九五〇年八月二四日付「金天海氏姿消す　横浜の赤い病院から」記事による。この病院は記事にあるような怪しげなものではなく、市民にしたしまれていた。
　現在も存続しており当時の病院跡には施設の一部があり、本院は上永谷に移転している。確認したが当時の金天海のカルテなどは残されていないとされている。

第7章　共和国への帰国

帰国の決断

金天海が帰国したのは一九五〇年六月であった。この時点でなぜ在日朝鮮人と別れ帰国したのであろうか。解放前に幾度も逮捕され、拷問を受けても帰国する道を選ばず、苦しんでいる朝鮮人がいる限り日本に残って闘うと決意していたのである。帰国の道を選択したのはそうせざるを得ない理由があったからだと考えられる。

日本国内では東西冷戦を背景に著しく朝鮮人に対する抑圧政策が強まっていたのである。一九四八年、朝鮮南部には八月にアメリカが支援する大韓民国が、北部には九月にソビエトが支持する朝鮮民主主義人民共和国が成立した。南朝鮮内部では共和国を支持する民衆とアメリカが支持していた李承晩政府の対立が激化していく要因になっていた。

これに伴い日本国内では韓国を支持する民団と共和国を支持する朝鮮人連盟の対立が激しくなっていた。在日朝鮮人の大半は朝鮮人連盟を支持し、組織的には民団を上回る運動を展開していた。朝鮮人連盟は日本共産党を支持しており、共同行動も行われていた。日本国内の反政府運動の一翼を担う存在になっていたのである。冷戦を背景にこうした動きを警戒したアメリカ政府と日本政府は朝鮮人運動に抑圧を加えることとなる。

日本政府は朝鮮人管理を目的に再三にわたる外国人登録令に基づく登録要求を行っていた。朝鮮人は管理強化につながるとしてこれに反対していた。在日朝鮮人に対する抑圧の典型的な事例としては一九四八年四月、神戸での軍政部指示に基づく朝鮮学校閉鎖の実施がある。朝鮮人側の抗議にかかわらず全国の民族学校が閉鎖されようとしたのである。民族学校が日本各地の朝鮮人民衆の支持で運営され、そこでは当然、朝鮮人としての教育が行われていたからである。これに対し在日朝鮮人民衆は大きな抵抗を試みた。この運動は「阪神教育闘争」として知られている。

翌年、一九四九年九月、日本政府は団体等規制令を在日本朝鮮人連盟に適用して解散を命じた。中央本部、府県本部、支部、分会など一八八三組織を指定した。組織全体を解散させたのである。同時に在日本朝鮮民主青年同盟も力を持っていたが組織のすべてが解散させられた。これは警察力を背景に実施された。公職追放者は二八名でこの中には顧問としての金天海も含まれていた。青年同盟も解散させられた。同時に財産も没収されたのである。これに対して朝鮮人連盟は強く抗議した。金天海など幹部はすぐに軍政部に抗議・陳情行動を行った。日本各地で抗議が行われ、裁判などに訴えていったが、警察力を背景にした政府の意図は崩れなかった。次なる社会運動に対する弾圧を用意していたからである。

マッカーサーは翌年五〇年六月六日、日本共産党中央委員二四人の追放を指令した。金天海も追放されたのである。東西の冷戦は朝鮮に直接影響していた。朝鮮をめぐる情勢は緊張していた。共和国と韓国の対立が深まり極めて緊迫していたのである。

こうしたなかで金天海は朝鮮人組織と日本共産党での活動の支えとなっていた組織を一方的に奪われたのである。非合法活動の道を選ぶことを強要されたのである。

金天海の場合、日本人と違い抵抗すれば大韓民国に強制送還される危険が存在したのである。送還されれば当時の韓国の情勢からすれば極刑は免れ得なかった。金天海の妻を含めて多くの運動を展開していた民衆が当局に大量に殺害されていたのである。そうしたところに送還されれば結果は明らかであった。先にみた神戸の阪神教育闘争では軍事裁判で多くの在日朝鮮人が懲役一五年などの長期の実刑判決を受けている。これが金天海が帰国を選択した理由の一つである。また、追放になった後では在日朝鮮人民衆と接したり、演説をするなど活動の道を閉ざされることになったのである。依拠すべき民衆との接触が実質的にできなくなったのである。これが帰国を選択したもう一つの理由である。

もう一つは先に見たような健康の回復が長期にわたりできなかったのである。病状は相当に悪くなっていたのである。これが第三の理由であろう。

金天海はどのように帰国したのか

朝鮮には三八度線を境に米ソ冷戦の対立の構図が持ち込まれていた。金天海が帰国したのは朝鮮民主主義人民共和国である。先に見たような理由で故郷の蔚山には帰れなかったのである。日本とは国交が無く南北を含めて非合法に帰国する以外に方法がなかったのである。共和国に帰るのも非合法であった。しかし、韓国・共和国との間には非合法とはいえ通行ルートがあり、人的往来を含めて連絡はできたのである。物資の運送を含めて非合法であったが往来は存在していた。

したがって以下の帰国の内容については渡航証明とか、公文書の公的記録からのものではない。非合法ルートによる帰国は金斗鎔などの例もあるようにさまざまであったと思われる。ここで使用するのは報道記事などによるもので正確でない部分もあろう。

金天海の帰国はどのような方法かはわからないが日本共産党幹部の追放後に何らかの方法で共和国に連絡し、帰国の了解を得たのではないかと思われる。共和国の側でも在日朝鮮人の最高指導者である金天海の消息は一九四七年に先に帰国していた金斗鎔などの情報もあり知っていたと考えられる。

金天海が行方不明になったのは五〇年五月下旬であったと横浜の大岡警察署ではいっているとされている(1)。この後、金天海は関西地方にいて帰国の機会を待っていたと思われる。帰国ルートもいくつかあったといわれ確実な資料はない。また、海員組合の世話や密貿易の船を利用するという方法も存在したという。正確には帰国の方法は不明としてもよいが、ここではいくつかの新聞で共通している舞鶴からの帰国説を紹介しておきたい(2)。

帰国したとき使った「かすみ丸」の船長はその後、逮捕され、金天海の帰国時について次のように証言している。

「金天海は朝鮮商事重役某と称し……昨年六月一五日午後九時最終列車で西舞鶴駅に到着　自動車で西舞鶴港に停泊中のかすみ丸に井田、金某と共に乗り込み、一七日出港六月二一日元山入港　朝鮮商事元山支店とあらかじめ連絡がとれていたのかすぐ上陸に成功し、そのままいずれかに逃亡したものである」

としている。

他の新聞記事でも紹介されており、金天海は朝鮮戦争の直前、数日前に共和国に帰国したのであろう。しかし、共和国に帰国して、朝鮮戦争中にどこで暮らし、活動したのかなどについては全くわからない。

消息がわかるのはいくつかの在日朝鮮人などに対する呼びかけ文があることなどである。

共和国での活動と肩書き

金天海は新たに共和国での朝鮮労働党員としての活動がまっていた。また、朝鮮戦争後に在日朝鮮人日本共産党員は離党し朝鮮労働党の指導下に入ることとなり、新たに在日本朝鮮人総連合会として活動を始めた。長く続いた運動の方針転換が行われたのである。朝鮮戦争後在日朝鮮人は共和国の在外公民という立場に立つこととなった。この間の事情と韓国との関係などはここでは論じることができないが、それまでの日本革命に寄与するという在日朝鮮人の運動方針の大きな転換が存在したのである。

金天海は共和国に帰り、日本との関係もあり対外関係の民族統一戦線運動に関わっていたと考えられる。共和国における役職について主に韓国側の資料に基づく研究を紹介しておきたい(3)。

一九五三年七月　共和国努力勲章受章
一九五六年四月　労働党第三次大会中央委員
一九五六年七月　祖国統一民主主義朝鮮中央委員
一九五七年一二月　祖国戦線中央委員会議長
一九六一年五月　祖国平和統一委員会常務委員
一九六二年一〇月　最高人民委員会第三期代議員
一九七〇年一一月　祖国戦線中央委員会議長

この他にも金仁徳論文では代議員、勲章の受章などが記録されている。また、在日朝鮮人の共和国への帰国についてはたびたび、金天海名で声明文が発表されている。さらにラジオでも声明が放送されていたといわれている。共和国における役職は祖国戦線中央委員会議長など韓国や在外朝鮮人の統一戦線運動の責任者であったと思われる。

朝鮮戦争後、南朝鮮労働党出身の朴憲永らが失脚するなどのさまざまな政変があった。のちに中国共産党員であった人々も処分の対象とされた。金天海はそれらとの関係もなく、共和国でも解放前からの社会運動家として尊重され、死亡するまでその地位を保っていたと思われる。民族運動の元老、解放前からの朝鮮共産党員として存在していたと思われる。また、共和国への在日朝鮮人の帰国運動が展開されると歓迎する声明などを発表したり、在日朝鮮人への呼びかけを行っている。これらの発言は共和国政府のスポークスマン的なものとなっていたといえる。

また、共和国における金天海については一部の記述があるものの(4)、日常生活や活動など具体的に実証できる資料がないためにここでは取り上げない。

金天海の死について

金天海は一九七一年に死亡したといわれている。しかし、確かな情報ではない。正しいとすれば享年七三歳であった。当時の朝鮮人としては長寿を全うしたといえよう。獄中生活が長かった割には共和国での生活が安定していたからでもあったと思われる。当時の共和国は朝鮮戦争の直後からの北欧社会主義諸国の援助に基づく経済的な発展が確認される。国内制度の整備も進行していた。同時に焦土となった国土の再建整備や建設が課題になっていた。共和国幹部としての生活はそれなりに維持できていたと思われる。ただし、一般的には南北朝鮮ともに戦争の被害が大きく経済建設・生活水準は極めて困難な状況になっていた。

金天海が死亡した際の病名などは全く不明である。葬儀についても報じられていないと思われる。ただし、墓地については平壌の革命家たちが葬られている一角に存在するといわれている。墓の写真などはいまだみることができない。

なお、共和国には革命家の墓地がいくつかある。革命烈士陵（金日成に近い人々）、愛国烈士陵（韓徳銖、金思順、朴静賢などの墓はある）、海外同胞愛国者墓（尹徳昆、魯在治などの在日愛国商工人）があるが、金天海・金鶴儀の墓は確認できないとされている。他に共和国の政治功労者の墓があるといわれているが、そこについては確認できていない(5)。しかし、共和国で金天海が否定的に評価されているわけではないと考えられる。一つの事例として金天海の歴史的な評価を紹介しておきたい。

現在の共和国での金天海評価

すでに金天海が没してから四〇余年が経過している。この間、何らかの形で金天海について共和国で記述されている文献資料を発見することは極めて困難である。しかし、最近の共和国刊行物で次のように紹介されている(6)。

この資料は『中国東北解放戦争参加者たちの回想記　1』に収録されているチョンユンピルの回想

記で、彼は中国での反日闘争に参加していた。洪範度義兵部隊で活動し、ソ連内に入っていたときに腸チフスにかかり、部隊について行けず金策同志の下で反日運動をしていた（洪範度・金策は中国東北で活動していた高名な抗日運動家で実在の人物である）。この時、一九二七年に日帝の検挙旋風が吹き荒れたとき、日本領事館の密偵二人を処断したことが知れ金策同志の斡旋で密航船に乗って日本に亡命することになったと書いている。

次いで「日本でも在日朝鮮人組織を作り反日闘争を繰り広げる一方、在日朝鮮人たちの民族的な覚醒を高めるため金天海（当時彼は金鶴儀という名前で活動していた）同志と共に朝鮮新聞の発行活動を行った。転向者の密告で関係者全員が逮捕されたが一九四〇年満期出獄し、朝鮮に帰り、再び日本軍の武力状況探知と朝鮮駐屯軍への工作員派遣をしていた時に再び逮捕された。清津刑務所で獄中生活をした」と書いている。

この回想記のチョンユンピルは漢字で表現すれば全允弼となろう。確かに金天海らが刊行した朝鮮新聞社関係者のなかには同姓同名の全允弼がいる。彼は咸鏡北道会寧郡碧城面五鳳洞の生まれで日本で逮捕当時は三一歳であった。前歴は全協土建全国大会事件逃走者であるとされている(7)。これは日本の特別高等警察の資料で出身地などは正確であったと思われる。刑期も金天海や他の人と同様であるが、彼は釈放され何らかの方法で帰国し、活動を継続していたこととなる。咸鏡北道出身で中国東北地区とは往来が多くこの手記は正しいのではないかと考えられる。

さらなる確認作業が必要であろうが、こうした活動家の存在は伝聞として伝えられているが、確認されれば日本を含めた東北アジア全体で朝鮮人の抵抗運動が存在したことが明らかになり、意義深いものといえよう。
こうした視点も重要であるが、ここでは共和国で金天海の横浜での『朝鮮新聞』の発行について書かれていること、回想記のなかで金天海の名が取り上げられていることが注目される。これは現在でも共和国で金天海が肯定的に評価されていることの現れであるといえよう。共和国で否定的に評価されていれば取り上げられないと考えるのが一般的であり、金策らと並んで抗日運動家として位置づけられているのである。彼は共和国で解放以前の活動家としても評価されているといえる。

［注］
（1）『朝日新聞』一九五〇年八月二四日付「金天海氏姿消す」による。
（2）『読売新聞』一九五一年五月一一日付「金天海（前日共中央委）の脱出」による。この報道は朝鮮戦争下に「北朝鮮系一八名軍事裁判開く」の関連記事として掲載され、金天海が「主犯として」（『朝日新聞』六月一二日夕刊記事）地下工作をしていたとする記事のなかで報道している。金天海の渡航は『朝日新聞』では六月三日であったと報道しており、先の記事とは矛盾している。いずれにしても金天海の帰国は朝鮮戦争直前であり、一九五一年に起きたスパイ事件とは無関係であろう。事件が金天海が帰国してから一年後に取り上げられており、ねつ造的に発表された情報であると考えられる。
（3）金仁徳「一九二〇年代在日朝鮮人運動家　金天海」『日帝時代民族解放運動家研究』所収、国学資料院、ソウル、二〇〇二年刊による。一部省略して紹介した。
これとは別に金天海の発言の一部は日本語版雑誌『日本と朝鮮』などに紹介されている。

（4）ナンデヒョン『太陽賛歌』文学芸術出版社、平壌、二〇〇六年刊。本書では金天海に言及している部分がいくつかあるが文学作品という性格もあり、ここでは使用しなかった。本書の内容は文学作品という形態を取っているが在日本朝鮮人総連合会議長の韓徳銖の業績記録である。
（5）これらの情報は日本人の訪朝者、在日朝鮮人から得たもので、特に金栄氏から教えていただいた。
（6）チョンユンピル「偉人の崇高な意志は東北解放作戦の脈絡のなかで」『中国東北解放戦争参加者たちの回想記　1』所収、朝鮮労働党出版社、二〇一一年刊による。水野直樹氏提供資料。なお、チョンユンピル氏の略歴などについては同書には触れられていない。この記録が一九七一年に収録されたことが記載されているのみである。今後の研究課題である。なお、一九六五年前後の『労働新聞』にはこうした革命家の手記が多く掲載されている。
（7）『特高月報』一九三六年九月号所収「在京朝鮮新聞関係者の検挙状況」による。逮捕者の最後に漢字で記載されている。

＊　なお、解放後の金天海の動向についてはＧＨＱ／ＳＣＡＰ文書（国立国会図書館蔵）に金天海関係文書が多く含まれている。この情報の多くは日本の公安当局が集めたものである。断片的な情報が多く、特に朝鮮戦争開始後に集められたものは金天海が帰国した後でも北海道で活動しているとかいうもので正確ではない。いわゆる北朝鮮スパイ事件をねつ造するために金天海が国内で活動していたことを証明するために書かれたものと思われるものもある。Box no.2275 のフォルダータイトル KIN, Tenkai、民間情報 no.3054　一九五〇年一月一九日付などである。ただし、金天海の健康状態が非常に悪かったという諸説も紹介されている。間接情報でありここでは資料として使用しなかった。

終章　金天海の生涯を通じて

ここでは金天海の一生を通した活動の概要や性格・人間性について考えておきたい。もちろん、これまで見てきたような生涯のなかで形作られてきたのであるが、その特徴を考え朝鮮史、在日朝鮮人史のなかでの位置づけを試みたい。

金天海の精神的な強さ

金天海の一生を振り返って見てきたが、その特徴の一つは極めて強い精神力を持って活動してきた人物であったことであるといえよう。警察署の拷問で、あるいは獄中にいても日本に対する批判は揺らぐことがなかったのである。渡航当初、彼と東京で活動していた人々は大半が学生かインテリであった。社会主義思想などは彼らからの影響下で得たものであろう。彼らは朝鮮では地主階層の出身であり、朝鮮でもそれなりに学識を身につけて日本に留学し、学生生活を送っていた。こうした学生のなかに金天海のように長く、非転向で闘い生きぬいた人物はいなかった。偽装であったかも知れないが転向したり、郷里に帰り発言をしなくなった人などを含めても存在しないと思われる。もちろん、拷問で警察や刑務所で獄死した人もおり、金天海一人が、というわけではない。彼は自分の意志を曲げずに闘い、朝鮮独立という意志を獄中で十数年貫いたのである。解放されてからもこの姿勢は変わらなかった。こうした彼の強さはその資質もあろうが彼の出身にあるように思われる。

金天海の受けた教育については韓国併合前の朝鮮の初等教育機関である書堂を出て、僧としての教育を受けたのみであった。植民地で作られた日本式の教育は全く受けていないのである。韓国併合にいたる民族的な反日の風潮のなかで育ったのである。これがその後の金天海を支えた精神的な土壌となっていた場であったといえよう。

こうした要因に加えて彼の幼年期の生活は極貧生活で「米」の飯は食べたことなし、というような状態で、これは当時の都市下層民、下層農民の暮らしと同様であった。彼の家も日本人高利貸しに高利でお金を借りて、苦労して家を建てても、数年で手放し、一家は離散しなければならなかった。彼は父の建てた家に住んだのは数年に過ぎなかったのである。幼少期は父母の親族の家で育ったのである。父は海産物行商であったといわれており、彼は農民出身ではなく、都市の下層労働者の生活を基調にした体験をもっていたといえよう。そこは蔚山という早くから日本漁業資本と日本人が進出していた地域で、併合の時も日本海軍軍艦の湾内へ侵入する姿を見ながら育ったのである。この幼少期の体験が抜きがたいものとして彼のなかに消えることなく、その強さとして生き続けていたのである。

同胞と親族に対する愛情

この強さの背景にはもう一つの側面があり、それは母や朝鮮人同志、あるいは朝鮮人民衆、日本人民衆たちに対する優しさがあった、特に母親と別れて日本に来るとき、獄中での母を想う愛情について次のように述べている。彼自身の自伝的な記録からいくつかを取り上げておこう。

「ひびのの《ママ》入った食器で食べ物は少なかった。珍しい食べ物は必ずとっておいてくれた。外にいて帰るまではいく日もとっておいてくれたものである」「獄中にいても思いだすのは母であった。鉄窓からわずかにみえる雲を眺めても母の健康を祈った。ああ母よ……」と情感たっぷりに記録している（1）。

彼の母方の親族である徐鎮文が警察の拷問で死亡した時には日本大学を止めて労働運動に専念するようになっている。彼とは蔚山にあった郷里の夜学の教師として共に学んだ仲であり、その悲しみは特別大きかったと思われる。

母や仲間に対する愛情だけでなく貧しい同胞に対する配慮、愛情には深いものがあった。膳所刑務所に拘束されていたときには窃盗犯とされた朝鮮人青年が逮捕され、青年はこれに驚き精神的な不安定さがまし、ついには死亡するのであるが、一〇年も前に遭遇した青年の名を記憶している。彼はその死を悼むだけではなく深い同情と刑務所当局が何の対処もせず放置した責任を追及しているのである（2）。

彼の、朝鮮人労働者に接し働きかけをするときの態度は、こうした優しさと朝鮮人労働者と共にある、ということが前提であったように思われる。このことが朝鮮人大衆に信頼され、獄中から解放されるときは必ずその地域の労働者が釈放時期を調べ迎えに来るという関係が成立していたと考えられる。これは彼がどのように労働者と接していたかということの解明の糸口になるであろう。

金天海の社会・労働運動へのまなざし

金天海の盟友の一人であった朴広海はその回想記のなかで(3)金天海の運動論について次のようにのべている。

「金天海から私は色々教えてもらって指導されたけれども、金天海は私にどんなことがあっても労働者には口だけではダメだとこれだけ言った。実際労働者が生きる問題を解決することをすすめなけりゃ労働者の教育は出来ないんだと、そうしないと浮き上がるんだから。あの人それだけは堅く守っていたね。横浜の震災後のあの賃金不払いの時ね、出さないと私らが何処にでも出て闘うんですよ。それはほかのインテリ出身の共産党員とはちょっと違う」

と発言している。在日朝鮮人と活動するときには「実際労働者が生きる問題を解決することをすすめること」が運動の原則であると述べているのである。この時ばかりではなく解放後初期の共産党の会議でも朝鮮人の希望に添って運動するような意見を述べている（一〇四頁以下を参照されたい）。金天海の労働・社会運動の基本は生活要求に基づく運動として位置づけることができるのである。共産主義運動の理論に基づいてのみ運動していたのではなく、眼前の在日朝鮮人の前で展開していた問題に取り組んだのである。極めて貴重な視点で、これが在日朝鮮人の絶対的な支持を受ける要因になっていたのである。

確かに彼は関東大震災後の朝鮮人蔑視が収まらず、むしろ強くなる風潮のなかでどこにでも出かけて、賃金不払いが横行するなかでその支払いを要求し、活動している。彼は賃金不払いのみではなく、朝鮮人を欺瞞するような政策にも反対し、協和会(4)活動に参加している朝鮮人のところにも出かけている。金天海は朝鮮人の要求をよく聞いて、その解決に努力して誠実に活動したのである。これによって在日朝鮮人大衆から大学生などの知識人とは違う信頼を勝ち得ていたのである。この時期の在日朝鮮人の大半は農民出身であり、彼と同様な階層の出身者たちであったことが彼の活動に対する支持となり、また彼の農民に対する見方の優れた要因はここにあると考えられる。

また、朝鮮語新聞である『朝鮮新聞』を拡大する過程で滋賀県大津市にあった内鮮親和会の役員をしている朝鮮人を訪ね、反民族的行為をしている朝鮮人を説得しているのである。これら朝鮮人は特別高等警察課と密接な関係にあり、金天海の存在を報告されるかもしれなかった。彼はそうした朝鮮人も恐れず訪ねたのである。金天海は「あんた方は朝鮮を独立しようとするのか、どうするんだ、陸軍中将が書いた親和会の額縁、こんなものを掲げて独立しよう、朝鮮人だとよういえたもんだ」と言ったという。すでにこの時点では金天海は朝鮮人の間で有名であり、反論もできなかったと回想されている。これも朴広海の前掲した証言記録であるが、朝鮮人を信頼し、民族的な立場で説得しているのである。彼は単なる左翼労働運動の指導者というより、民族的な独立を志向する働きかけを実践しているのである。

金天海の民族的な立場と在日朝鮮人

理論的な問題として日本国内の共産主義運動や労働運動の解決を優先させることが在日朝鮮人の民族的な問題を解決する、という日本共産党の民族対策部の見解に対して金天海自身がどのような見方をもっていたのか、についてはは史料的には明らかにできない。彼が明確に反対の意思表示をした様子もない。当時の運動方針について彼は肯定的に受け止めていたと思われる。彼のこの時期の共産主義運動についての見解はごく一般的なものであった(5)。

しかし、これまで見てきたように解放までの活動は極めて民族的なものであった。彼の民族的立場は次のような要因から説明できる。

第一に彼の精神形成ができる二〇代前半まで朝鮮社会のなかで育ち、特に仏教徒としての三年間の影響は大きかったと思われることである。仏教から離れたのは高僧たちが親日的であったとしているが、そこに置かれていた世界の独立運動関係の書籍を読み、官憲から逃れてきた人もいて必ずしも民族的な考えを学べなかったわけではなかったと考えられる。また、仏教から離れた後の日山里での夜学校での影響もあったが、それは時期から見て民族的な側面が強かったと思われる。日本に来てから本格的な共産主義理論を学んだと考えられるのである。青年時代は民族主義者であり、日本に来てからも絶えず民族的な主張をしていた。朝鮮共産党事件の裁判では朝鮮語の使用を要求し、釈放された時期に出したのは朝鮮語の新聞であった。解放後も日本共産党の機関誌などへの執筆より、朝鮮人が発行していた『民衆新聞』、『解放新聞』に見える記事の方が多いのである。解放後の彼の活動の特徴は全国の朝鮮人集住地区を廻り、演説を続けていることである。もちろん、彼はこの中で階級的な立場を守り続けている。

1949年7月、仙台の朝鮮人集住地区で子どもたちに囲まれながら話をする金天海（金環洛氏蔵）。

朝鮮人にとって植民地支配下の最大の課題は民族の独立であった。朝鮮内の農民・労働運動も階級的な課題の追求だけでなく、強く民族独立の課題と結びついていた。解放後も在日朝鮮人に対する民族差別は無くならず、むしろ生活レベルでは差別のなかで苦しまなければならなかったのである。こうした現実から在日朝鮮人運動を推進していた。彼は現実の朝鮮人の要求を重視して運動を展開していたのである。こうした姿勢は在日朝鮮人大衆の圧倒的な支持を受けたのである。

彼は朝鮮人大衆に共感を持ってむかえられたが、日本人労働者からも強い支持を受けていた。

まとめていえば金天海の社会運動は在日朝鮮人の状況に

基づき、そこからくみ上げた切実な要求を取り上げ運動を展開したことである。解放後、金天海と生活と活動を共にしていた人物によれば、彼が口癖のように「理論より実践運動が大切である」と述べていたとの証言もある。それは解放以前、以降を問わず日本帝国本国内の厳しい在日朝鮮人差別の上に運動が成りたっていたが故に民族的な立場を強調するものとなっていたということである。

金天海と日本人

彼は一九二二年五月に渡航してきて一九五〇年六月まで二八年間にわたって在日していた。この間、獄外にいたときには大半の時間を朝鮮人のなかで過ごしていたと考えられるが、最も濃密に日本人と接していたのは獄中であった。まず、彼の幼少期からの日本人との関係から見ていこう。

日本に来る以前の日本人については、彼の家を奪った日本人高利貸しなど植民者たちの姿は次のような自伝的記録に見られるように極めて悪い。

「朝鮮に来て日本人の軍事的強権を持ってする朝鮮国家と土地と財産の掠奪は過激となり、その資本家たちの搾取は激しくなった。このとき朝鮮に来て日本人の悉くが搾取者であったといっても過言ではないほどであった」としている。

この感想は当時の朝鮮人の共通の印象であった。

これが渡航後に社会主義者たちを知り、ロシア革命などの影響から革命を実践するための同志として日本人を認め、同時に階級的な立場から日本人労働者に対する態度は連帯すべき人々であるという認識に変わってきた。関東大震災後の朝鮮人虐殺抗議には日本人労働者も参加している。彼は盛んに日本人の労働運動の応援に参加する[6]。横浜のメーデーにも彼を中心にした朝鮮人とそれを支持する日本人は朝鮮の植民地支配反対をスローガンとするように働きかけている。

また、獄中でも多くの日本人に支持されている。彼は秋田刑務所に収監されていたが、彼はそこで獄内新聞を秘かに発行していた。しかし、発見されて厳しい条件の独房に入れられた。しかも、厳寒の一～二月であった。これを見た日本人共産党員山城（以下山代とする[7]）は抗議を続けた。彼は雑役夫をやっていたと思われるが、山代について「同情深い雑役夫―この雑役夫は監獄の花《カ》である。後にきいたことであるが、私の奪還のために余りに大声を出したため、同志山城はそのためにこの懲罰の部屋に入れられた。いまは長い獄中での病気が基となって死んでこの世にはいない」と回想記に書いている。山代は金天海を擁護するために大声で叫び懲罰房に入れられたのである。山代という日本人の命がけの抗議であり、金天海は戦後の自伝記録を書く際に「花」として記録しているのである。金天海は警察権力などには妥協しない態度で接したが、同志の日本人には「花」として心に残しているのである。

さらに、府中刑務所での山辺健太郎らの金天海に対する親身な看護などは、金天海に対する信頼と同時に金天海が持っていた朝鮮人としての姿勢に日本人が感動していたからにほかならない、と考えられる。

朝鮮人・在日朝鮮人にとっての金天海

金天海の日本での活動は渡航して来てから二八年間にわたっていた。この間、彼は在日朝鮮人の権利と独立擁護のために闘い続けてきた。その姿勢は在日朝鮮人の貧しい階層に心を寄せて、共に歩も

1948年10月17日に開催された朝鮮民主主義人民共和国樹立祝賀会（神田共立講堂）であいさつする金天海（水野律太資料、在日韓人歴史資料館蔵）。

うとしたのが特徴であろう。日本で活動した朝鮮人知識人の多くは労働者の働く現場まで入って運動する人は少なかった。一時的に日本で活動しても朝鮮に帰ってしまう人が圧倒的に多かった。彼は朝鮮人農民出身の労働者と共に日本国内で闘ったのである。また、先に見たように金天海はさまざまな転向の誘惑にも関わらず自分の信念を曲げることがなかった。死に瀕した衰弱のなかでも「朝鮮人」としての立場と共産党員としての信念を捨てることはなかった。

こうした彼の名は在日朝鮮人一世と二世のすべての人々に知られ、愛情と親しみを持って受け入れられていた。在日朝鮮人民衆にとっては英雄そのものであった。それは在日朝鮮人の生活が厳しく差別と迫害を伴っていたことを示している。それだけにそれに全力で闘う姿を、朝鮮人たちは共感を持って受け入れていたのである。在日朝鮮人に対する差別が強いほど金天海に対する尊敬の気持ちも大きくなっていたのである。

もちろん、運動方針を異にする人もいたが、彼の在日地朝鮮人運動、朝鮮独立・民族運動に果たした役割についての高い評価は否定できないであろう。また、彼の名前は解放後の朝鮮南部や北部でも広く知られていた。日本に短期に滞在していた人々を含めると数百万の人々が日本に渡航しており、彼らは金天海の活動を知り、朝鮮本国での差別と日本人による抑圧に対する反発が金天海に対する広い共感を呼ぶ結果をもたらしていたのである。

日本人にとっての金天海

日本人によって構成されている植民地支配本国内の、在日朝鮮人の処遇は過酷なものであった。そうした条件に加えて日本の支配に抵抗した人々に対しては厳しい制裁が加えられた。この中で多くの人々が拷問で死亡した。しかし、どこで何人が死亡したのか、ということすら調べられていない。戦後、犠牲になった朝鮮人たちに日本は何の補償もしていない。金天海は何度も拷問によって死の危機に瀕した。一九二八年一〇月に逮捕されたときには、高輪署に留置され三日間の厳しい拷問の後、六本木署―青山署―麻布鳥井坂署―翌年二月に検事局に送局された。青山署にいたときに赤痢に罹り、伝染病院に一時収容されたという。その後の刑務所でも酷い処遇であったことは自伝的記録を見れば明らかである。敗戦直前の予防拘禁所では瀕死の状態で立つこともできない状態であったが、周りの日本人たちの看護で生きることができた、と記録されている。このため解放後も病気に罹り、入院生活を送ることが多かった。解放後、彼と風呂を共にした朝鮮人の証言によれば、その体には拷問時の傷が残っていたといわれている。金天海は民族の独立と在日朝鮮人の権利を守ろうとしたにすぎない。彼の日本での一生は罪を問われるようなものではない。彼を含めた多くの犠牲者に対する戦後補償はされていない。犠牲者の数的な把握もできていない。日本人は植民地支配下朝鮮人の帝国本国内でのこうした抑圧の事実を正確に知ることが求められている。

金天海の私生活

日本に来てからの金天海は大半を在日朝鮮人社会のなかで過ごした。解放前までは日本社会の住宅・職業差別、食生活の違いなどから朝鮮人は集住地区を形成し、朝鮮食と朝鮮語で生活し、民族慣行を守って生活していた。日本人と朝鮮人の混住と朝鮮食の日本人への普及は戦後の住宅不足や食糧不足のなかで始まったのである(8)。金天海もこうした集住地区を中心に暮らし、運動の拠点としていた。ただ、彼は運動や官憲に追われており、一定の住所と家族をもつことなどは不可能であった。金天海は妻を日本に呼ぶことはなかった。彼は日本に渡航するときに妻に「若し私がいないときには「自由」ですといいおいた」と自伝的記録に書いている。帰国するかどうかわからず渡航の決意を示していたと思われる。渡航してからは没交渉であったのではないかと思われる。解放以前は大半の時間を運動と獄中で過ごし、家族や個人の暮らしを充実させることなどできなかった。

解放後、はじめての生活を楽しむことができた。解放後の彼の衣食住生活は極めて質素であった。他の同胞と同じように馬鈴薯などを主食としていた。家もひどいバラック建てであったという。しかし、彼にとっては解放後の一時期、解放新聞社にいた頃が最も定住・安定していたと考えられる時期であった。ここに当時の女性同盟の委員長金恩順が金天海を良く訪ね、親しくしていたといわれる。食事を関係者と共にしていた。酒も飲み皆と団欒の時をもっていた。しかし、これも朝鮮人連盟と日本共産党に対する弾圧が始まるまでであった。

日本に来てはじめての一時的な安定して暮らした時期である。金天海は「闘士」としての側面のみが強調されるが生活を楽しむこともあったことを知っておきたい、

なお、ここで金天海の性格や風貌についてふれておきたい。私が会った金天海を知る人は共通した印象を語っている。

解放後に生活を共にしていた朝鮮人によれば金天海は普段は穏やかな、やさしいという印象を共通して語っている。また、若い人の世話もよくしてくれたという。食糧のない時に餅を手に入れて皆に食べさせてくれたといわれている。食事のときなどは若い人たちの話を聞いてくれたともいわれている。

これ以上の日常生活における性格などを語っている文章などは見つかっていないが、日本人の金天海についての興味深い印象記がある。

豊多摩予防拘禁所に収容されていた今村英雄(9)はその印象を次のように述べている。

「金鶴義《ママ》という、その名の鶴のような丈の高い、痩せた、年配の男が来た。この時筆者は「恭順でない」という理由で隔離、独居入りをさせられていたがその隣りへ入ることとなった。その立派な風貌からして、朝鮮の貴族の出なのだろうと噂していたが、ある時、松本一三(同じく予防拘禁所に収容されていた――筆者)から、ペンネームを金天海といって、在日朝鮮人から神様のように尊敬され、慕われている人物と知らされた。悠々としていて実に戦闘的なのである。何か気にくわないこと、道理にあわないことがあると直ちに抗議して一歩も引かないのであった」として天皇批判をしていることなどを事例を挙げて説明している。このような風貌の説明は他にもあり、朝鮮人の場合は「両《ヤン》

班《バン》」のようであるという人もいる。

　いずれも、日本人より一段と背が高く、鼻筋が通り、美丈夫で、堂々とした立ち居振る舞いであったと証言している。人を魅了させるような気品を持っており、朝鮮人の人気の一つの要因になっていたともいえる。

金天海と日本語について

　ここで彼の日本語理解について考えるのは、解放以前、以後を含めて自身の書いたと思われる文献が極めて少ないからである。もちろん、日本語での文章が少ないからといって彼の役割や価値には無関係である。

　金天海が日本に来たのは二三歳の時、一九二二年であった。それまでの語学学習期とも言える成長期に日本語を学ぶ機会は無かったと考えられる。金天海はどの位日本語を知っていたのであろうか。資料からは明らかではない。日本に来てからも日本語学習の記録はきわめて少ない。日本での生活のなかで日本語、会話を学んだのではないか、と思われる。また、獄中でも本をよく読んでいる。学生生活は日本大学社会科に在学した四ヶ月間だけである。寺院で修行したこともあり、漢文の素養は高く、文献はよく読めたのである。しかし、日本語で文章を書き、話すような場がなかったこと、解放までは朝鮮語世界で生きていたことからも日本語で書くことは必要ではなかったと考えられる。

彼の民族的な立場からも朝鮮語の新聞を刊行する必要からも、解放前には朝鮮語で新聞を刊行し、解放後も朝鮮語新聞の発行に深く関わっている。彼の民族主義的な立場からも朝鮮語を優先させることを重視していたのである。こうしたことから彼には日本語による論文が少なかったと考えられるのである。また、彼は日本語で論文を書くことを重視していなかったと思われると同時に、日本語で論文を書くことが得意ではなかったと思われる。彼本人が書いたと思われる文章が少ないのはこのためでもある。解放後の彼の名前による新聞記事などは、談話や取材で記事にしたものが多いのもこのためであろう。これも彼の生涯を理解する上で必要な要件の一つであろう。本書に資料として収録してある自伝的な記録も口述したものを他の人が文章化したものではないかと思われる。

繰り返しになるが、日本語での論文、文章が少なかったとしても彼のはたした在日朝鮮人運動、日本の社会運動での役割を否定するものではない。

日本の植民地支配が生んだ金天海

これまで見たような金天海の生涯と生活史の全体から見えてくることがいくつかある。

金天海の民族主義的な立場や朝鮮共産党への加盟、その後のコミンテルンの方針による日本共産党への入党など、日本の厳しい植民地支配がその人間像を作る上で決定的な役割をはたしていたことは明らかである。彼が掲げた民族の独立と民衆の生活を守ることは民族の、朝鮮人の共通の課題でもあった。朝鮮国内をはじめ中国各地で、特に東北地区、ロシア極東地域、アメリカ、日本国内で同様な志をもって多くの人々が立ち上がって、活動していた。彼もその一人であった。彼は在日朝鮮人をまとめて、運動を進めたのである。朝鮮の解放はアジア、朝鮮内、日本、アメリカで運動を展開していた人々の存在があり、それと共になし得たものである(10)。

もちろん、物理的に朝鮮の日本軍を解体したのは連合国軍のうちアメリカ軍を中心にした部隊が南部を、北部をソビエト軍が進駐したことによる。しかし、その後の朝鮮国家の再建はアジア各地で、朝鮮内で民衆が参加してなし得たものである。金天海もこの一人として運動に参加しており、解放前後を通じて運動に参加し、歴史的な役割を担っていたのである。彼は在日朝鮮人民衆のなかでの生活要求を基に運動を展開したのである。このような運動の展開は中国の解放運動などとも共通した、民衆生活を重視し、当時のアジア社会の中心的な存在である農民を中心にした運動を展開するという側面を持つ優れた論理であったといえよう。

彼は特別理論化していたわけではないと思われるが、運動の経験からアジアにおける農民を中心にした解放運動の共通の課題に応え得るものとなっていたと考えられる。こうした意味でも金天海の日本での活動の再評価は必要なことであると思う。

〔注〕

（1）「《資料紹介》金天海　自伝的記録（草稿）」『在日朝鮮人史研究』四三号所収、二〇一三年刊。簡単な解題は筆者が付した。この記録は刊行を予定していたものと思われる。金天海が話し、聞き手が記録した部分と自身で追補した部分があると思われる。中欠、後欠資料である。本書にも資料として収録した。

（2）樋口雄一「金天海――在日朝鮮人大衆と共に生きた社会運動家」『講座東アジアの知識人　第四巻　戦争と向き合って』有志舎、二〇一四年刊にこのことについてふれてある。

（3）「聞き書き朴広海氏　労働運動について語る　3」『在日朝鮮人史研究』二二号所収、一九九二年刊による。

（4）地域によってことなるが後に協和会になる過程で警察を中心に結成されたのが、この事例の内鮮親睦会と考えられる。協和会は警察が作った朝鮮人統制組織。朝鮮人も補導員などの名目で協和会の事業に参加させ、皇民化政策・統制に協力させていた。この時期は協和会が警察中心の機関となる過程で、こうした警察に協力的な朝鮮人に接するのは金天海にとって極めて危険なことであった。

（5）金天海の共産党活動に関する見方についての資料はごく限られている。回想的な見解であるが金天海「朝共創立二四週年にあたり――四月一七日朝鮮共産党二四周年記念日」『解放新聞』一九四九年四月一五日付があり、党の結成からの経過を概説している。戦後については「ついに階級と民族の解放」の時期が来たと位置づけている。啓蒙的な新聞記事である。

（6）前掲梅津萩子氏の証言による。

（7）前掲「自伝的記録」には山城と書かれているがこの名での共産党員の活動家は探せなかった。井上学氏から山城は山代吉宗（一九〇一～一九四五）ではないか、との指摘と、根拠として山代が同時期に秋田刑務所にいたとの意見があった。これにもとづいて調べたところ金天海のいう山城は山代吉宗であることに間違いないと思われることが明らかになった。山代が四・一六事件で逮捕され、その後、金天海と同時期に秋田刑務所で服役し、一九三五年二月に満期出獄していること。したがって金天海と同時期に秋田刑務所にいたこと。山代吉宗の研究書によれば彼は秋田刑務所の獄中細胞長をしていたこと、また、細胞新聞を一、二発行したことなどが記録されている。また、政治犯は秋田刑務所内の特定の獄舎に収容されていたこと。金天海が懲罰房に入れられた理由は獄中新聞の発行が当局に見つかったことであり、その後は監視が厳しく発行できなかったことなどが金天海の証言と一致すること。また、他の日本人非転向政治犯も朝鮮人政治犯が三人ほどいたことを証言していること。これによって金天海のいう山城は山代吉宗であったことは間違いないと考えられる。呑川泰司『山代吉宗の生涯』新日本出版社、一九六五年、同著『光と風のながれ――山代吉宗の道』いわき地域学会出版部、一九九三年刊による。金天海が「山城」としたのは発音が同じであること、戦後も「山城」の消息が死亡したという以外にはわからなかったことなどによると考えられる。金天海の自伝的な記録が出版にいたらず、原稿の検証が行われなかったことも理由の一つであろう。また、山代が雑役をしていたかどうかについても確認できない。しかし、山代を同志として受け止めていたことは確かである。

なお、山代吉宗は『荷車の歌』を書いた作家、山代巴の夫である。山代巴著『山代吉宗のこと』『山代巴獄中手記書簡集』などがあるが秋田刑務所時代のことについては書かれていない。しかし、その後呑川氏より、山代巴の手紙に金天海と李雲洙が秋田刑務所にいたという記述があるというご連絡と手紙のコピーをいただいた。山代巴も秋田刑務所で山代吉宗と金天海が一緒にいたことを知っていたのである。記して感謝申し上げたい。

（8）在日朝鮮人史の概要については樋口雄一『日本の朝鮮・韓国人』同成社、二〇〇二年、朝鮮と日本の関係については趙景達『植民地朝鮮と日本』岩波書店、二〇一三年を参照されたい。

（9）今村英雄『予防拘禁所の記録』政経ヘラルド社、一九七六年刊による。

(10) 解放前後の朝鮮民衆の動向は韓国で「解放前後史の研究」など多くの研究成果がある。また、解放直前に朝鮮において、いかに朝鮮人民衆が日本の政策に対して乖離した行動をとり、解放後を準備していたかについては、樋口雄一「戦時末期朝鮮邑面の機能と朝鮮民衆との乖離について」、松田利彦編『地域社会から見る帝国日本と植民地』思文閣、二〇一三年刊、樋口雄一「朝鮮における食をめぐる解放前一年誌」『海峡』二五号所収、二〇一三年刊がある。こうした行動が日本国内でも朝鮮内でも「満州国」でも起きており、解放後の民衆運動を支えるものとなっていたと考えられる。

〔付録〕金天海関係資料

金天海の資料について

戦前期に書かれた金天海自身の著作はまだ発見されていないと思われる。本書で利用したような官憲資料、新聞記事、布施辰治資料などがある。

戦後に書かれた戦前の資料としてはたびたび引用した自伝的な記録や朴広海などの聞き書き記録、東京予防拘禁所時代の日本人の回想記などがある。また、金天海についての著作・論文としては本文中に取り上げた金仁徳論文と、短いものであるが在日朝鮮人による聞き書きを中心にした朴鄕丘「朝聯と金天海の役割」『在日から考える――二〇世紀を生きた朝鮮人』大和書房がある。この資料は聞き書きをそのまま掲載したのではなく、著者が聞いた話をまとめたものである。

戦後に書かれた資料も彼自身が書いたものと思われるまとまった資料は少ない。また、彼の名前で刊行されている文章のなかには、明らかに自身で書いたものではないと思われる場合もあり、ここでは紹介、利用しなかった。彼が帰国してからすでに六〇年余も経過しており資料調査は困難である。例えば彼が帰国する前に七ヶ月ほど入院していたと報じられている横浜上大岡の朝倉病院でもカルテなどは残っていないということであった。しかし、まだ、彼を知る少数の生存者も高齢ではあるがお元気な方もおり、これからの課題としたい。

　韓国でも本書で引用した資料以外に確認できないし、まだ、韓国では共和国に行った「北越者」の調査は、はばかられることもあり、十分ではない。共和国での暮らしや墓所の所在調査はできていない。共和国で彼が発表した声明書などは確認できるがここでは取り上げなかった。こうしたなかで戦後資料のなかで確認できる彼の発言と談話について、その一部をリストとして紹介しておきたい。なお、このリストは全てではなく、会議・集会の出席記事は省略した場合もある。

記事タイトル	資料名	掲載巻号	刊年
挑発に載せられずファッショ的傾向と闘え—第四回大会報告—	アカハタ	一二	一九四六・一・八
三・一革命を回顧する　談話	朝鮮民衆新聞 三・一革命記念特集	一三号	一九四六・三・一
朝鮮の最近の事情について	アカハタ	三六号	一九四六・五・二四
党中央委員会総会報告	本書一〇四頁以下を参照されたい。		
우리新聞の新発足	우리新聞	合同一号	一九四六・八・一五
三党合同に対する所感	解放新聞	合同六号	一九四六・九・二五
朝鮮鉄道総罷業は全民族要求の表現　談	解放新聞		一九四六・一〇・五
偉大な一一月革命に　我等は後に続かん！　談話	解放新聞 一一月革命記念号	合同一四号	一九四六・一一・一五
生活権を確保しよう　談	解放新聞	合同一九号	一九四六・一二・一五

三・一革命の追憶　談	解放新聞	五八号	一九四七・二・二六
八・一五　三周年記念を　祖国の統一政府樹立促成を	解放新聞	一五四号	一九四八・八・一五
祖国統一独立闘争果敢　寄稿	解放新聞	一八四・五号合併	一九四八・一二・九／一二
殺人的徴税と財産強奪に抗議する	解放新聞		一九四九・三・一八
四・一七朝鮮共産党創立二四周年記念日	解放新聞	二二六号	一九四九・四・一五
八・一五　四周年記念闘争を　祖国の平和的統一事業完遂	解放新聞	二七九号	一九四九・八・一九
祖国人民達は在日同胞に莫大な関心 朝鮮労働党中央委員金天海氏放送	解放新聞	四七〇号	一九五三・三・一二
韓米防衛条約を排撃して平和的統一に蹶起しよう 金天海先生の放送演説	解放新聞	五五三号	一九五三・九・二三

資料1

残忍極まる大虐殺陣を展開

金天海談

震災の時私は本郷の本富士警察署の管内に住んでゐて、九死に一生を得た一人である。負傷して悲鳴をあげる多数の同胞や、虐殺されて道路に死体がころがつてゐる光景が今でも目に浮んでくる。

血に飢えた狼の如く、彼等は軍隊を先頭に在郷軍人、青年団、自警団といふ風なものが銃剣を振りかざし、或は竹槍、ビール瓶など手当たり次第凶器を持ち出して、多数の朝鮮人、中国人を始め自国の革命運動者も或はこれを銃殺し、或はこれを刺殺するなど、その虐殺を恣いまゝにした。その中で最もひどかつたのは刀で眼玉をきり抜き、鼻や耳などを切りとるなど、残忍その極をきはめ、或は妊婦の腹を衝きさしてその中の胎児を殺害するなど、あらゆる手段を以て残虐の限りを尽してをつた。

こうしたテルロ《ママ》は、関東一帯にわたつて行われ、このために理由もなく無残に殺された朝鮮人はその数六千数百名、中国人数百名で、負傷者を入れると数万名にのぼる。殺される原因は全く何らの根拠理由もないのであつて、一例を挙げれば、井戸に毒を投じたといふ朝鮮人がつかまり針金で縛られて殴打暴行を受けてゐたが、これは実はその人が震災のため水道が破裂して、水が飲めないために、井戸水をさがしてゐてつかまり、さん〴〵テロを受けたのである。私は警察官と立会ひ、その井戸水を飲まされたが、何の毒もなかつたのである。

かやうにことごとく事実でないことをいひふらして朝鮮人を虐殺したが、憎むべきことは当時の警保局長が、長崎県の知事にあたへた指令の中に、朝鮮人が来たら機宜の処置をとれ、といふ命令があり、また内務省当局は、軍隊が九月二日の夜から各所で虐殺行為をおこし、それがその後いくも日《ママ》つゞいたのに拘らず何等の処置もとらなかつたのである。そしてやつと朝鮮の人々や外国からの申し入れによつて、始めて形式的な虐殺禁止令が漸く出たにすぎない。

尚戒厳令が布かれ、朝鮮同胞の罹災したもの並びに負傷者に対する救護事業も禁示される有様であつた。

今日、日本は敗戦によつて、今まで国内外に於て悪逆なるテロルをふるつた軍閥、官僚とその政府は一応形の上では崩壊したが、しかし二度とかゝる軍国主義、侵略主義が勢力をもりかへさないやうに徹底的にこれを打ちのめさなければ、真に民主々義国家としてその名誉と信用を世界に回復することは出来ないだらうことを強調したい。

（編著者註＝金天海氏は日本共産党中央委員兼解放新聞代表）

金秉稷編著『関東大震災白色テロルの真相』朝鮮民主文化団体総連盟、一九四七年八月所収

資料2　金天海について　一九二〇年代の活動を中心に

樋口雄一

はじめに

在日朝鮮人労働運動の歴史のなかで最も有名な人物といえば、まず金天海の名をあげる人が多い。金天海は戦前期のほとんどの期間（一時釈放されていた時期があるが一九二八年〜四五年九月）を獄中ですごし、戦後は日本共産党の最高幹部の一人として活動した人物である。その後、朝鮮民主主義人民共和国へ帰国し、要職についていたと伝えられるが、その後は不明である。一八九九年生れであることから存命であれば、すでに八九歳になっておられる。

金天海の評価は戦前の活動のそれもあるが戦後、解放運動を闘う在日朝鮮人運動の象徴的人物として高名になったともいえる。しかし、この金天海について、その生涯と活動についての詳細については知られていないばかりでなく、研究論文はもとより、その略伝もない。すでに人々から忘れられようとしている人物であるといえよう。

私が取り上げてみたいと思ったのは、彼の闘いを通じて日本人と在日朝鮮人の係わりを地域からみなおしてみたいと考え、また、それが日本社会のなかではたした在日朝鮮人の役割を明らかにすることにつながることであり、そこから学ぶことが多いのではないかと思われるからである。

ここでは、この作業の手はじめとして彼が長い獄中生活をおくる以前の一時期、一地方、すなわち神奈川県を中心にした活動をあとづけてみたい。彼にとってそれは短いが戦前期における在日朝鮮人民衆と闘いを共にした貴重な一時期であり、彼を知る上で欠くことのできない時代でもあるからである。

まず、金天海が神奈川に来る前のことについてふれておこう。

（一）東京における金天海の活動

官憲資料によれば彼は一八九九年五月一〇日生まれで、本籍は慶尚南道蔚山郡東面方魚里八一となっている。日本へ渡航する前は、京城の京城中央学院で哲学を学び、その後四年間は仏門に入っていたといわれている。

彼が日本に渡航して来たのは一九二一年頃で新設されたばかりの日本大学社会科に入学した（1）。この頃、彼がどのような思想と行動をとっていたのかはわからないが、すでに一九二二年一一月設立の東京朝鮮労働同盟会の幹部としてその名を連ねていることから渡航後、すぐに白武、李憲といった「共産主義」的思想を持った人々と交流を重ねていたものとおもわれる。その後、震災時に彼がどのような危機のなかで生活をしていたかは明らかにできないが、一九二四年四月末の官憲側調査によると彼は、東京にいる主要社会主義者、李憲、白武、卞熙瑢に次ぐ四名のなかの一名に数えられる活動家になっている。住所は、東京市外淀橋町角筈二二五、労友社内として登録されている(2)。この住所は、東京朝鮮労働同盟会の所在地になっており、そこに常駐する活動家になっていたとおもわれる。事実、彼はここから長野県下でおきた賃金不払いをめぐる労働者の闘いに参加しており(3)、こうした時に当時、在日朝鮮人労働者が関東地区では最も多かった地域・神奈川県内に組織を拡大しようとしたのは当然ともいえた。こうした組織拡大の動きを官憲側では次のように記述している。「昨春来(一九二三年春——筆者注)李憲、白武、崔甲春等ハ神奈川県下於《ママ》ケル鮮人労働者ノ収攬ヲ企テルモ却テ反感ヲ購ヒ、震災後再ビ団体トノ提携ニ志シテ拒絶サレタリ」としている。この動きは確度の高いものであったとおもわれ、一九二三年の震災前の横浜貿易新報では当時の労働者の街であった潮田町(現在、鶴見区)で次のような働きかけがあったとしている(4)。

　鮮人街に宣伝演説——朝鮮女工の餓死を訴う——

　潮田町潮田二〇五五　朝鮮人土工朴洞源外五軒で鮮人約八十余名が合宿し、近所では此一団を鮮人町と称して居る　此所へ二十六日午前八時頃東京に本部がある朝鮮労働総同盟の代表二名が突然来訪して〝鮮人ゴム女工の餓死に関し諸君の同情を求む〟云々と数項に分けて不穏の語句を細々と書いた宣伝ビラを配布するとともに鮮人八十余名を集めて悲想《ママ》の宣伝演説を開始せんとするのを折柄巡回中の鶴見署員に発見されすったもんだと押問答の末鶴見署から稲田高等係を初め朝倉警部補以下数名出張して万一を警戒して居た

また、一九二二年の横浜のメーデーには朝鮮人労働者二名が参加し、金天海もすでに横浜で活動していたという研究もあり(5)、震災前後にはかなり、東京朝鮮労働同盟会からの働きかけがあったといえよう。

しかし、神奈川県内における朝鮮人労働者組織化の本格的動きは震災後の一九二四年になってからであったとおもわれ、金天海もこのころ横浜に居を移し、県内の活動に参加している。以下に神奈川県内における在日朝鮮人の労働者組織化の動きを追ってみたい。

(二) 神奈川県内における在日朝鮮人労働者諸団体の成立

関東大震災後、震災時における朝鮮人殺害を隠蔽する意味もあって、当局の施策は保護・善導的色彩をもち、朝鮮人団体の結成には強い干渉をそれほど行なわなかったようである。まず、判明している労働者組織を編年的に設立月日、名称、目的、会員数、所在地の順にあげると次の表のようになる(6)。

一九二四年中の神奈川県内における朝鮮人労働者組織

設立年月日	名称	目的	会員数	所在地	その他
一九二四・八	共助会	労働者救済	二〇〇名	横浜市野毛四丁目	
一九二四・一〇・二六	労働同志会	相互扶助 風紀改善	三〇〇名	寒川町	会長 金泰均、副会長 崔南守、顧問 村長、駐在など
一九二四・一一・二	愛護会	会員の愛護 生活向上	五七名	横浜市西戸部	会長 李誠七、文錫柱
一九二三・一〇・一	鮮人親交会		一八名	川崎町	
一九二四・三・三	鶴見親睦会	内鮮融和 貧困救済	一八三名	潮田町（鶴見区）	会長 呉斗栄
一九二四・四・二	労働友和会	会員親睦	一二〇名	山北町	静岡県小山町に本部有り
一九二四・四・一一現在	鮮人救護会			浦賀町	
〃	共助会			下北浦（三浦）	
〃	鮮人労働同志会			野毛（横浜）	

この時期県下在住朝鮮人は約五〇〇〇名をかぞえ、主に土木工事、砂利採取に従事しており、足柄下郡（箱根国道工事）、寒川町（砂利採取）、横浜、川崎、横須賀など県下に散在していた。また、賃金不払いや、低賃金など労働条件は悪く、無権利状態であったため労働者自身がそれぞれの組織をつくり、相互の連絡などにも使われていたとみてよいであろう。

こうした労働者組織は彼らの生活の自衛のため、権利を主張するため、相互連絡のためなどにつくられていたが、在日朝鮮人が自身で共通の場をつくり、集まる機会をもつということは彼らがおかれた状況から組織自身が貴重なもので必要とされていたからこのように多く成立していたとみることができよう。

しかし、これらの労働団体の中にはすでに、官側の意図にそって「内鮮融和」をはかろうとする動きと、朝鮮人労働者自身の権利を守る組織への転換をはかろうとする二つの流れがあった。

この時期、最も官憲側に近く、その援助もあったとおもわれる愛護会は設立趣意書のなかで失業者が増加することを指摘しつつも、

「若シ之ヲ手袖傍観シ救済セザルニ於テハ社会ニ如何ナル悪影響ヲ及スヤモ予測シ難シ……生活ノ安定ヲ図リ一面ハ社会ノ安寧秩序ヲ維持スルニ貢献シ」(7)

としてあたかも治安対策として愛護会を設立するかのような印象を与える文章になっている。また、愛護会の会長であった李誠七は、一九二五年二月の愛護会の改組によって早大の学生であった文錫柱に会長をゆずり、彼は一九二六年二月、知事以下が役員となっている在日朝鮮人対策組織「内鮮融和協会」設立委員(のちに内鮮協会)の一員として参加している。

こうした官憲の意図とは別に朝鮮人労働者自身は林立状態にあった組織の統一をはかろうとする。この労働組合の合同は横浜の朝鮮人労働者組織を中心に行なわれた。一九二五年七月一一日、朝鮮労働同志会(代表崔南守)、愛護会(代表文錫柱)、共助会(代表李泰能)、朝鮮人同志会(代表姜鱗彬)の代表や有志が集まり、組織の統一をはかり、新たに朝鮮合同労働会を組織することになった。これ

より、神奈川県内の在日朝鮮人運動は新しい展開をみせることになる。こうした統一は仲介者や、連絡をする者がなくてはできなかったであろうし、寒川町の労働者組織の代表とおもわれる崔南守も入っており、県内全体に影響を与えるような役割を持つ人物の存在があったとおもわれる。それが金天海であったかどうかの確認の方法はないが、県内における金天海の活動の足跡をたどるとこの朝鮮合同労働組合と深く係わっていたとおもわれるのである。

（三）神奈川県内における金天海の活動

この時期、すなわち一九二五年頃からの金天海の活動ぶりを当時の新聞（8）から羅列的にあげると次のようになる。

＊　一九二五年四月二一日　横浜市岡野町の山上房吉方ではメーデーの準備会がもたれていたがこの準備会に横浜朝鮮合同労働団の代表として金天海が参加しており、このためか、この会合の結論として「植民地の放棄」がスローガンとしてとりあげられている。このスローガンのみは警察がみとめないため、「保留」とされているが、当時の朝鮮人労働者にとって切実な問題であった「請負制度の撤廃」などもあげられており、これらの主張は金天海の積極的な意見によってとり入れられたものとおもわれる（四月二三日付）。

＊　一九二五年八月二日　横浜労働組合連盟主催、「当市労働組合八団体失業問題大演説会」が開催

された。これには約六〇〇名が参加した。会後、デモが行なわれたがこのうち九名が検挙された。この中に三名の朝鮮人が含まれており、三名は岡野町二四（現在の横浜市）・朴洪海、厚木町一八三九（現在の厚木市）・金天海、岡野町二四・文錫柱であり、日本人は翌日に釈放されたにもかかわらず、朝鮮人三名は翌日も勾留された。

ここで金天海の住所が厚木町になっているのは金天海が厚木町の砂利採取労働に従事していた朝鮮人労働者と係わりをもち、厚木町に一時住居を移動していたためとおもわれる。むしろ、労働者の組織化のための移動であったとおもわれ、横浜の集会に参加したことからいっても密接な連絡があったとおもわれるのである。

＊　一九二五年九月五日・六日　まず、九月五日に横浜市内戸部の戸部倶楽部で「大震災横浜横死者追悼集会」が開催されたが、これには山上房吉外六名の日本人社会主義者と七六名の朝鮮人労働者が参加していた。この会合は、「排日を意味する不穏演説」として開会後わずか五分で解散させられ、「金鶴儀事・金天法《ママ》、朴龍鎮、金伯祚の三名」は戸部警察署に検挙されてしまった（九月六日）。しかし、これに抗議する意味もあって翌日ふたたび同主旨の会合がもたれた(9)。六日には朝鮮人八〇名、横浜印刷工組合員など日本人四〇名、計一二〇名が参加した。これらの集会での金天海は五日には開会の辞をのべ、また、六日の会合でも主要な役割をはたしていた。このことからすでに横浜や県内で指導的役割をはたしていたとおもわれる。また日本人の参加は金天海が日常的に広く日本人とも交流をもっていたことがわかるのである。

＊　一九二五年九月二五日、革命後のロシアから労働代表としてレプセが来日し、九月二四日に出迎

えの準備会がもたれたが、これに横浜の朝鮮合同労働組合代表も参加している。これが金天海であったかどうか不明であるが翌、二五日に横浜駅頭における歓迎会には金天海も参加している。

以上、数例にすぎないが金天海が東京から神奈川に居を移し、しかも横浜を中心にしながらも県内各地をまわっていたことがわかるのである。朝鮮人労働者の中に彼の影響がきわめて強くなっていったものとおもわれ、こうしたなかで朝鮮人労働者組織の統一がはかられていったものとおもわれる。

同時に横浜における金天海の活動のなかで、きわめて特徴的なことは日本の労働組合の活動家や社会主義者と交流をさかんにもっていることである。

この時期に金天海とともに活動した日本人梅津はぎ子氏の証言を以下にまとめておきたい。梅津はぎ子氏は一九二五年のメーデーで女性としてはじめて演説をした人であり、また、富士ガス紡績保土ケ谷紡績工場の女性労働者を組織し、争議を闘った人物である。

(四) 一日《ついたち》、一五日《じゅうごにち》――梅津はぎ子氏の証言

「私が金天海氏と会ったのは争議の応援に来てくれたり、組合の会合の時であったとおもう。朝鮮人はメーデーにも多く参加しており、朝鮮人としてというより、同志として共に活動する仲間という感じであった。金天海氏とは良く一緒に集会や組合の会合に参加し、このとき、金天海氏は背が高く、私は日本人としても背が低いほうなので、一緒に歩いていると皆から一日、一五

日といわれた（一日と一五日、半分ほどの背の高さのちがいがあるという意味でそういう呼ばれ方をしたという）。このためこの言葉は強く印象にのこっている。

　また、金天海氏はいつももう一人の美男子の朝鮮人と行動を共にしており、金天海氏がやさしかったことや、いつも大らかな感じの人で人々から人気があったこともおぼえている。また、当時、彼はさっぱりした労働服をきており、日本語も上手であった。ただ、一緒の集会や争議の応援では行動を共にしたが、私は彼らの争議や、住んでいるところに行って話したことはなかった」


と話されている(10)。

　この梅津氏の証言から読みとれることは、金天海が日本人労働者と積極的に行動を共にし、〝一日、一五日〟と仲間からいわれていたことから、したしみをもって日本人労働者のなかで活動していたとおもわれる。これは、朝鮮人側からの——金天海をはじめとする——日本人労働者との連帯行動であったといえよう(11)。

　また、震災時の朝鮮人殺害抗議行動に日本人の参加があったことや、梅津氏をはじめとする労働者が朝鮮人を同志として行動を共にしていたことは評価できよう。

　但、それは朝鮮人労働者組織の代表として、インテリゲンチャー・金天海の一面をしめすものであり交流が朝鮮人労働大衆までを含むまでにはなっていなかったとおもわれる。

　こうした金天海の活発な活動ぶりは、日本人社会での活動を上まわる行動を朝鮮人社会のなかでとっていたことの証明でもあろう。寒川村の労働者組織をはじめ、厚木町などにも工作に出かけていたことから金天海が県域全体に影響を与えはじめていたとおもわれる。

一方、一九二五年頃から県下の朝鮮人労働者の積極的行動が広がり、ほとんどの労働者が従事していた土木労働における請負制度の不備からくる紛争、賃金不払争議が県下でくりひろげられていた。県当局はこうした事態に震災における朝鮮人殺害を隠蔽する意味もあって保護善導、融和をスローガンとする神奈川県内鮮融和協会——神奈川県内鮮協会——を設立させた。

(五) 内鮮協会の設立・活動と朝鮮人労働者の批判

震災後、最も朝鮮人殺害事件が多かった地域である神奈川県当局は、さまざまな融和策を考えていた。横浜市内に朝鮮人の宿泊所をつくることや、横浜市の吏員として朝鮮人を採用すること、一方では、朝鮮人に対する抑圧、監視を強化するために県警察部に朝鮮人対策専門の警部が置かれ、各警察署でも職業紹介、失業対策などを行なっていることも報じられている(12)。しかし、こうした施策のみでは朝鮮人の争議・紛争をおさえることができなかったため、県当局は一九二六年初めから他県の朝鮮人対策についての調査などを実施し、新たな組織結成にのりだした。

一九二六年二月、県の内務官僚や一部朝鮮人(前記李誠七、あるいは、横浜市の吏員となった朝鮮人)などを含む内鮮協会が設立された。

内鮮協会はそれなりの活動をはじめるが、その一つに内鮮融和を説く講演会を県内各地で開催することになった。むろん、これは朝鮮人に内鮮融和を説得するためのものであり、一九二六年中に六〇回も実施される計画であった。実際五月から朝鮮人が多く住む厚木町、寒川町、松田村、小田原町など大都市以外でもさかんに実施された。講師になったのは警察署長や朝鮮人内鮮融和論者などであった(13)。

こうした内鮮協会の活動に対し、金天海などに影響され、組合をつくるまでになっていた朝鮮人の間から激しい批判が出るようになった。横浜の朝鮮合同労働組合とも関係のあった寒川町には関東大震災の前から朝鮮人が働き、震災後には約五〇〇名の朝鮮人労働者が居住し、朝鮮人の組織も存在したが、ここでも内鮮協会の講演会が開催された。ところが会場では「政府から金をもらったのか、日本官憲の犬」と批判され、講演者が次の会場に移動しようとしたときにもそれに抗議行動をしている。内鮮協会の講演会は抗議行動がしだいにつよまっていくなかでも強行されていき、金天海もこの対立のなかで逮捕されるのである。

(六) 金天海・小田原町内で逮捕さる

一九二六年一二月一〇日、足柄上郡の松田町で町役場、警察署が主催者になって内鮮融和講演会が開催されることになった。しかし、三名の朝鮮人融和論者は地元で働く朝鮮人飯場の親方の朱鳳録や、李明俊他六名に講演を中止するよう「脅迫殴打」され、負傷し、結局中止せざるを得なくなった。

この朱、李は逮捕されたが、この取り調べのなかで金天海が「社会主義を奉じ、独立運動を標榜するを以て内鮮融和妨害意志から暴行を命令した」と陳述したため、金天海にも追及の手がのびたのである(14)。

この記事は警察側の一方的発表をそのまま記事にしたものであろうが、金天海が松田町の朝鮮人達に社会主義の話や、朝鮮が独立すべきことを説いていたことは確かなことであろう。こうした金天海の活動を知った松田署と小田原署は二六年末から「大活動」を開始し、金天海は小田原町弁財天旅館北辰館にて逮捕されてしまう。小田原署はこれを秘密にし、取り調べを行なったが公判に付されることになり逮捕の事実が明らかになったのである(15)。

一月一〇日、小田原区裁判所の公判では内鮮協会講師の傷害を指示したことを否認し、さらに「不穏文書」を配布した件については松田町では発見できず証拠が出ないため不起訴となった。しかし、「不穏文書」を配布していたのは確実と報じられているが、金天海が目的もなく朝鮮人労働者の住所をまわっていたわけではなく、組織拡大や宣伝行動がその目的であったであろう。これを罪として罰しようとすることが誤りであるが、それを理由に刑罰を与えようとしたのである。

金天海は何も罪にあたいする行為をしていないにもかかわらず、一月一五日に開かれた第二回公判では検事から金天海に一年六ヶ月、朱、李に六ヶ月の実刑が求刑された。これに対し、二人の日本人弁護士は減刑と無罪を訴えた。一月一八日の判決で裁判長は単なる「暴行」に対して、金天海が暴行現場で逮捕されたわけではないにもかかわらず使嗾したとして一〇ヶ月、他の二名は四ヶ月の実刑判決を下した。

金天海他二名はこれを不服として控訴し、二月三日に横浜に他の二人とともに送られることになった[16]。

ところでこの裁判のなかで在日朝鮮人のなかで次のような金天海に対する「支援」行動が行なわれた。

金天海が逮捕されたことが朝鮮人に広く知られ第一回の公判が開かれたとき金天海に対する信望から朝鮮人の「親分達」が四〇余名も傍聴に集まったといわれる。各地の朝鮮人から彼は「棟梁」とよばれこの時の公判には県内各地はいうにおよばず、東京、千葉、埼玉、静岡方面からもかけつけたのである。この「親分」とは、この時期の関東地方の朝鮮人の職業の大半を占めていた土木工事の請負人や労働者を何人か集めて世話をしていた人々で、日本人からの賃金不払いや、請負金不払いなどで困難に直面したとき金天海が援助した人々であったろう。こうした情景は第二回の公判の時に三〇数名、判決のときも、そして横浜に送られるときはやはり、三〇数名が共に横浜まで送ると騒いだという。

このため、第一回の公判から高等係を総動員したばかりでなく、警官一〇余名を裁判所に派遣し法廷内外を「物々しく厳重警戒し」なければならなかったという。横浜へ送るときなどは小田原署員が「おじけ」づいたと報道されている[17]。

金天海は関東地区の広い範囲の朝鮮人労働者から信頼され、たよりにされていたことがわかり、かつ、それは金天海の日常的な労働者に対する、同胞に対する愛情をもった働きかけがあったから、こうした裁判所での情景が見られたのであろう。

なお、この裁判のときに日本人が支援に行ったという報道はなく、日本人弁護士二人が弁護にあたったとされているだけである。また、横浜の合同労組の日本人が訪れたという記録もない。

（七）活動の再開

横浜に送られたものの証拠があったわけでもなく裁判所はすぐ結審した。具体的にはいつ釈放されたかはわからないが直ちに活動をはじめた。その一つは川崎市居住の朝鮮人労働者の組織化をするための活動である。一九二七年六月九日、川崎公会堂で「在日本朝鮮労働総同盟神奈川労働合同組合川崎支部発会式」が開催された。議長には神奈川県における古い活動家である文錫柱を選び規約や議案を審議し、議事・演説ともにすべて朝鮮語で行なわれたといわれる。この会合には友誼団体の挨拶もあり、通訳されているところから何人かの日本人参加者もあったとおもわれる。この時の講演者で逮捕された者の筆頭にあげられているのが金天海である(18)。したがって、一九二七年六月以前に釈放され活動を行なっていたとみることができる。

この時の逮捕では数日で釈放されたとおもわれ、さらに活動の範囲を広げていった。この頃からは労働者の組織化と同時に朝鮮人による社会主義政党の設立にもたずさわっていったとおもわれる。

おわりに

神奈川県における金天海の活動はわずか、二、三年のことであった。しかし、彼は神奈川県内における朝鮮人労働者の組織をつくり、活性化させたのみならず、横浜を中心にした活動では日本人のなかに積極的に入り、メーデーをはじめとする集会では朝鮮人労働者のはたす役割も大きくなった。これは抑圧国本国内、すなわち日本社会のなかで朝鮮人が朝鮮人として主張を掲げ、組織的に行動するようになったことを意味しており、それを朝鮮人の知識階層の一人であった金天海が労働者の中に入り、指導したのである。この点は高く評価できよう。

また、彼の活動によって直接、金天海逮捕の契機になった神奈川県内鮮協会に対する批判、さらに県内の朝鮮人労働者の組織化が進み、この結果、神奈川県内鮮協会には大きな打撃となり、知事を会長とする内鮮協会の役割が朝鮮人大衆の前にあきらかにされたといえよう。こうしたこともあって内鮮協会の活動はこれ以後、一時後退せざるを得なかったのである(19)。「内鮮融和」という当局の欺瞞性に対する抗議であった。

同時に震災下におきた朝鮮人殺害に対する批判でもあった。

金天海個人についていえば、忘れられつつあるとはいえ、日本人にとっても、あるいは在日朝鮮人にとっても最も良く知られている在日朝鮮人労働運動家といえば金天海であろう。ここではその前半生の一部を描いたにすぎないが、この中からでも彼に対する在日朝鮮人大衆の支持、すぐれた組織・

指導者としての姿がうかびあがってくる。

さらに、その人柄については梅津はぎ子氏も証言しているように親しみやすく、日本人とも交流し、日本人争議を支援し、相互に助けあっていた。充分とはいえないまでも日本人と朝鮮人の一つの連帯行動の形がそこにあったといえよう。

一九二八年一〇月、金天海が朝鮮共産党日本総局責任秘書として逮捕され、その後、控訴や上告をくりかえし、自身の主張をかえず、非転向で闘いぬいた。その後、一時釈放されたがすぐ活動し、再び逮捕されるなどをくり返し、獄中生活は長くなり、一九四五年八月一五日の解放をむかえてのち、一九四五年一〇月の占領軍命令による釈放にいたってはじめて自由の身となった。その時出迎えたのはほとんどが在日朝鮮人であったといわれる。こうした獄中での闘いを支えたのは、彼がその生涯のなかで最もいきいきと、大衆の中に入って闘い、そこから学んだ神奈川での活動が支えの一つになっていたことは確かなことであろう。

［注］
（1）主に『横浜貿易新報』一九二六年一月一三日付による。但し、日本大学社会科の卒業生名簿には金天海＝金鶴儀の名前はない。日本大学社会科は一九二〇年に設置され、この頃には「随分過激思想の者」が集まり「朝鮮独立運動の万歳事件に参加した闘士など」が在学したことがあるから金天海もその一人であったとおもわれる（『日本大学七〇年略史』による）。したがって金天海は中退したと考えられる。
（2）「在京朝鮮人状況」一九二四年五月、朴慶植編『在日朝鮮人関係資料集成』第一巻所収。

（3）この件について一九二三年九月～二四年四月までの『信濃毎日新聞』には彼の活動に関する記事はない。
（4）『横浜貿易新報』一九二三年七月二七日付。
（5）斉藤秀夫「関東大震災をめぐっての覚え書き」『郷土よこはま』三五号所収。
（6）これらの朝鮮人労働団体名は『横浜貿易新報』の各号から得たもので目的等が不明なのは名称が列記されていたのみであるためである。また、一部は内務省社会局「朝鮮人労働者に関する状況」（一九二四年七月刊、『在日朝鮮人関係資料集成』第一巻所収）も参照し作成した。
（7）「愛護会規則」と題するパンフレットによる。これによれば、会員証、バッチなども規則で定められ、組織的体裁はととのっていたとおもわれる。なお、愛護会の改組については一九二五年二月一三日付の『横浜貿易新報』による。
（8）いずれも『横浜貿易新報』各号による。
（9）この九月五日、六日の会合については「大正十四年中に於ける在留朝鮮人の状況」（一九二五年一二月、『在日朝鮮人関係資料集成』第一巻所収）にもある。
（10）梅津はぎ子氏からのヒヤリングは同氏宅で一九八七年二月に伺った時のテープからその概要をまとめたものである。すでに金天海との出会いは六〇余年前のことであり、忘れられたことも多いといわれている。したがって、ここに記した文章は、発言そのままではなく、筆者がまとめたもので文責は筆者にある。
　また、横浜における梅津氏の活動の概要は神奈川婦人運動史研究会編『かながわ婦人』二号所収のヒヤリングを参照されたい。

(11)ただし、この連帯行動を当時の在日朝鮮人全体に、あるいは日本人側の行動としての梅津氏のような場合が全体の日本人社会に一般化するのは誤りで、普通、日本人労働者の排外主義的行動や差別構造のなかで対立事件がしばしばおきていることにも注目すべきである。
(12)『横浜貿易新報』、一九二四年一〇月四日付による。また、宿泊所の新聞記事は、一九二五年六月一一日付、横浜市吏員については六月一六日付による。
(13)『横浜貿易新報』一九二六年五月一日付。
(14)同前一九二七年一月一三日付。
(15)同前によるが逮捕された日付は不明である。この記事における金天海の住所は横浜市西戸部宮の前一二五六であるとされている。
(16)横浜へ護送されたことまでは報道されているが横浜での裁判の模様、経過については報じられていない。
(17)いずれも『横浜貿易新報』一月一三日付、一七日付、二〇日付、二月四日付による。
(18)神奈川県内鮮協会については樋口雄一『協和会』(社会評論社、一九八六年刊)を参照されたい。
(19)『横浜貿易新報』一九二七年六月一一日付による。なお、この小論では金天海という名で統一したが、本名は金鶴儀という名であり、各資料には両方使用されている。

本小論は『在日朝鮮人史研究』一八号、一九八八年刊に掲載したものである。

なお、一部については誤りがあるが発表時点での資料としてママとした。特に朴広海氏の証言に基づく蔚山時代の証言については、その後の自伝的記録の発見で誤りであるとおもわれることが多いのである。

　神奈川での活動の概略についてはつけくわえる必要のある事実などは本文で加筆しておいた。本文では書いていない事実や、梅津氏の証言などの資料も紹介しているので、金天海関係資料としてここに加えておいた。

資料3　「金天海　自伝的記録」解説

樋口雄一

資料発見までの経過

金天海（本名金鶴儀）は在日朝鮮人社会運動家として最も有名な人物である。戦前、戦後の一時期までは在日朝鮮人大衆に最も愛されていた人物であった。しかし、金天海の研究は『在日朝鮮人史研究』一八号に掲載されている樋口雄一「金天海について」一九八八年（資料2）と、同誌「聞き書き朴広海　労働運動について語る」一九～二〇、二二号、宮崎学『不逞者』、金仁徳『日帝時代民族解放運動家研究』国学資料院二〇〇二年所収論文などにすぎない。

私自身についていては一九九五年以降、金天海の生まれ故郷である蔚山へ四回ほど、彼が修行し、学んだといわれていた通度寺、東国大学（前身である中央学林に金天海が行ったという説があった）などに行ったりしていた。しかし、わからないことの方が多かった。

二〇一二年、金天海の口述とおもわれる自伝的記録が発見された。この資料の第一発見者は水野直樹氏である。

この自伝記録には金天海の署名があったり、彼が書いたということも書かれていない。だが私は金天海の記録だとすぐわかった。生年月日、父母の名前がはじめに書かれていたが、父母の姓名はこれまで誰も知らない事実であった。同郷の活動家徐鎮文のことも書かれており、金天海の自伝であるとの確信を持ったのである。

資料の概要

内容は生まれてから日本渡航までを第一部として、第二部は日本渡航後から滋賀県内での刑務所での生活の一部で終わっている。その後の予防拘禁所時代のことについて触れたと思われる部分は欠けている。いわば、この資料では戦前に獄外で活動できていた時期のことについてはわかるのである。原稿には加筆、訂正が加えられ判読できない部分もある。コピー資料のみが存在する。コピー資料であるため、コピーが重なっている部分もある。

原稿はペン書きと思われるが、彼自身の筆跡なのか、編集者が筆記したものかは現在のところ不明である。

資料の形態はB４の用紙に二〇〇字二枚の原稿がコピーされ、全四七枚である。中欠・後欠資料である。コピー資料のみが存在する。なお、原稿用紙の後半の数枚は戦後初期発行されていた『民衆新聞』の原稿用紙である。こうしたことからこの自伝記録は刊行することを目的に書かれたものであることがわかり、この記録らしい広告もある。本記録の期間は生れてから一九四五年までであったと考えられる。したがってこの時期、すなわち解放後の政治的な、あるいは社会運動のなかでの制約があることは記録の中に随所に見られる。この点に注意しながら資料の引用をすべきであろう。

資料の内容

ここに資料を広く刊行するのは内容が在日朝鮮人史の研究にとって貴重な存在であると考えたためである。それは在日朝鮮人運動史に限らず、朝鮮史や在日朝鮮人の生活などに深く関わる内容をもっているからである。

一つは、第一部で植民地下朝鮮での米を食べたことのない生活について書いていることである。父母は半商・半農の生活で、父は自分の家をもてたのは数年でしかなく、金天海は大半を親族の家で育ったのである。土地ももたず、小作人でもない朝鮮でも最もまずしい階層に属していたのである。日本での在日朝鮮人労働者に対する愛情を持ったまなざしはこうしたなかで生まれ、それが多くを教えてくれている。

彼は在日朝鮮人民衆に絶大な人気があった。解放前の運動の中で日本共産党員として「活動」したことになっているが、彼の活動は朝鮮人社会が中心であり、民族的な立場から離れていないことが明白に示されている。もちろん、日本人労働者と共に闘うということも実践していたが、朝鮮人としての立場を離れることはなかったことがわかる。

彼は関東大震災以降は社会運動一筋であった。この資料の他には理論的な発言や論文は少ないと思われ、実践家という側面が強い。彼は書堂（民間教育機関）、寺で受けた教育と日本大学に四ヶ月学んだというのが学歴である。解放前の運動は知識人によってになわれたことが多いが、彼が非転向を貫けたのは彼の朝鮮での体験があったからであるともいえる。渡航後、獄中生活の方が長いことにも示されるが、警察に代表される国家権力の在日朝鮮人に対する抑圧がいかに激しかったかについても詳細に記録されている。

解放前の在日朝鮮人運動の様子が具体的に明らかにできる数少ない貴重な資料の一つである。なお、彼が書いたと思われる記録は極めて少なく、インタビュー、回想等が存在するにすぎないことも刊行理由である。

今後の課題とお願い

第一にはこの資料の元の生原稿を発見すべきで、広く公開するのはこのためでもある。そして中欠、後欠をともない、完全な自伝記録として残したいのである。この原資料をお持ちの方がおられれば、ぜひご連絡をいただきたい。

本資料は『在日朝鮮人史研究』第四三号、二〇一三年刊に紹介したが、少部数のものであり、再掲載することにした。なお「金天海　自伝的記録」というのは解説者・樋口が付したもので、資料にはこうした表題はない。

最後に、掲載を許可していただいた方々、水野直樹さんなどに感謝申し上げます。

（註）漢字の用法や送りがな、改行、書き込みなどはできるだけママとして原稿の現況をつかめるようにした。□は判読できなかった部分、◎印及び（　）内は資料にある通りである。

〔　〕内は私の注記である。

二〇一四年八月三〇日　記

「金天海　自伝的記録」

一八九八年四月（陰調　三月二七日）慶南蔚山郡日山里
父　金徳和　母　徐旦蓮　長男（一人子　（男））
東海の半農半漁の海辺の寒村―母の実家で生まる。
温山面江口―父の家
―八歳。　金主事江口の（大地主）下婢―男・女―粉伊女婢―の虐待―彼女は川に投身自殺＝封建制と下婢の虐待に憤激。
七歳　書堂に漢文始め。―先生曰く、鞭をあたえられるとよく学ぶ。我慢しないとよく学べぬと父もいう。
◎貧しい家。母は畑―父は海産物商で蔚山から釜山へ通う。半農半漁。
◎父母の留守居。母が表にを《ママ》れといえば表に。房におれといえば房に。
　任務に忠実心。
　貧乏な村
白い米の飯はみることなし。

教育機関なし。七歳から九歳まで書堂にいて、
釜山―仲父宅（徳善）海産物問屋―書堂通い。成績普通。新漢文。
◎頭をのばして弁髪に靴をはきを《ママ》いて体操をしていた。
×塩代をとりにきて留守なので、中村某というものにつれてゆかれて、働けといわれたが、寝ていた
―働かず帰される。
日本の保護政策―条約―統監府の下　理事庁＝（警察・行政庁）
丁髪に帽子―ワラジにサーベル。
◎国権失墜の時。―反日義兵の運動―義兵大将、崔益鉉冕庵が対馬島の監獄にやられる。―ここで彼は日本のものは食はずと本土から米と塩をもっていって食す。これが切れて餓死を遂げた。
◎十一歳まで釜山。日帝の侵略開始のために天下騒然たるとき＝屍体は故国へ―憂国烈士をむかえて、釜山（輓章）弔旗を立てて老若男女が哀悼した。
祖国に対する圧迫の経験。かような不当な行為があろうか。口惜しさ身を千切る。日帝への反感募る。日帝打倒の心。幼くしてはじめて意識的な愛国心生まる。

父徳和、仲父、伯父（徳三）

東学乱前から日本人の侵入防止―集団的な抵抗。

政府から注意。

祖父の弟―金載声―東学軍に参加。貧官汚吏掃蕩し人民の塗炭を救うために。―一方の隊長。―慶州蔚山を中心に活動。のち捕われて大邱の絞首台の露と消えた。年二六歳

×祖父は朝鮮の武官―相当の財産もあったし、武家の流れをくむ。＝兵使、僉使（連隊長級）
載声氏の家族にまで追求があり、財産は没収された。
官憲の迫害激し。
載声氏宅―釜山旧館にいたが、逃れて蔚山に流れた。
◎かくて李朝の暴政に対する反感は植えられた。
十一歳まで釜山にいて蔚山に温山に戻る。

父の家の貧乏ははげし。

蔚山、東面方魚津に越す。―半農半商―書堂通いつづく。
◎日本の保護政策に対する反抗は軍事的となり、義兵運動各地に起こる。全鮮的に激烈となり、日本は討伐軍派遣。反日救国義兵を暴徒と称して弾圧。―もっとも惨虐な手段をもって―虐殺するばかりでなくこれを支持する何百戸の村落まで焼き払う。殺す。
寺院が義兵の根きょ地となると称してこれを焼く。

道ゆく良民をとらえてまで殺す。

家の近所で金宗才―狩人―きじをみて銃を放ったのをみた日警はこれを自分に向かって放ったといい、これを義兵といって彼らは日本刀、ピストルをもって三日にわたってなぶり出した。部落民の前で。―部落民―洞長の音頭で―日兵、理事長に陳情して彼を救ったが、彼は間もなく死んだ。

これをみて侵略日本に対する反抗心はますます募った。

一九一〇年一三歳

日本は朝鮮を保ご国としてだけでは満足せず、日清戦争において、日露戦争において朝鮮の独立のためだといっていたにも拘わらず、日露戦争に勝利した日本は遂に朝鮮を単独で支配するにいたった。―独立権をじゅうりんし、名実ともに日本の植民地とした。

これは直ちに日韓合併条約となって現れた。日本はかくて朝鮮の支配を完成した。このとき日本は朝鮮を威嚇するために軍艦と軍隊を朝鮮に派遣して露骨な圧迫を加えてきた。これらの軍艦―十隻は蔚山湾に現れ、軍隊が上陸して、軍艦では艦砲を放ち、上陸軍は示威行進をしてきた。そこにいた住民達は呆然として、同胞達はこれを避難して山中に入ったりした。

愛国者たちはこの光景を見てなすことがなく、拳を握って悔し涙を流し、この軍艦と軍隊を血涙をもって睨むのであった。

このとき、丁度私はこの数日後、父親たちと共に祖父母の墓「伐草」にでかける途中で国王と日本天皇の布告し《ママ》、日韓併合の事実を知り、人民は老若男女を問わず袖を濡らしたのであった。十三歳の子どもであったがこの光景を見てどう哭し、必ず祖国の恢興を誓ったのである。

×これより、国民の生活なお一層塗炭の苦しみに陥ったのである。

朝鮮に来て《ママ》日本人の軍事的強権を持ってする朝鮮国家の土地と財産を掠《ママ》奪は過激となり、その資本家たちの搾取は激しくなった。このとき朝鮮へ来て日本人の悉くが搾取者であったといっても過言ではないほどであった。

軍人、官吏、教師、灯台守、商人―それらがすべて高利貸しをしないものがあった〔なかった〕。彼らは兼ねていたのである。それであるから彼らは朝鮮へ来るときは一文もなくとも直ちに大きな家個一銭の大福餅屋をやっていたものが二、三年のうちには何万の財産をもって大きな高利貸しとなった。

かくて同胞たちは日に日に貧窮し、日本人は日々に繁栄していった。（日本人のうちでも漁業労働者のうちには貧乏人が無かったわけではなかった。）

そしてこのような状態と圧力は私たちの頭の上にやってきた。

◎一六歳

一一歳のときに温山面から方魚津〔釜山〕へ移るときに父親が家を建てる金がなかったので、そのとき蔚山の灯台守の岡田というものから一円で一ヶ月に五銭利子の一五円の借金をし、前の畑の地所を買って家をたてた。ところが余り高利なので、数年たたぬうちにこれが四百円になってしまった。この金を弁済しないならば家と田畑は没収し、それで足りぬときはその証人となった叔父の家も没収するという。仕方なくこの家と田畑を抵当として四百円を借りた。とうとうこれを払うことができず、これを買った朴某は追い立てをして、出ないので裁判を二審までしてついにそこを追い出されたのである。

かくて一家は離散して私はどうすることもできないが、しかし、向学心に燃えて、わが朝鮮は衰滅してゆく現状をみて、悩み苦しみ、挙句、寺に入れば勉強もできるし、仏教をもって何とか祖国を救う道はないかと、ついにここへ入ったのである。―智異山の霊源寺の白高僧の弟子となった。そこで十九歳までの三年間、仏教教育を受けた。寺には東西各国の民族独立運動に関する文献があり、それを熟読した。

例えば越南亡国史　ポーランド亡国史、フランス革命史、イギリス、アメリカ等々万国の興亡に関する歴史、中国興亡史を熟読し、かつまた朝鮮の亡国に悲憤こう概《ママ》し、総督の追求から逃れて山寺に隠れていた人士たちもいた。こういう人たちから愛国の思想は鼓吹された。

―一三歳のとき、日帝支配下の学校にゆかざる闘争。それで縛られたりした。父親も反対した。―風潮としてみること。
◎一九歳まで寺にいて掃除もし、飯も炊き、使い走りもした。―各寺に行ったりした。京城その他。成績は相当優秀だったので将来仏教の高い地位につくものと嘱望をされた。
ところが一九歳のときの私は相当の批判力と自覚心が芽生えた。―仏教の坊主の生活、僧侶上層部―三十六本山の住持と重職たちは総督とその官吏に対して奴隷の如く□して祖国と民族を売る態度には憎悪を感じずにはいられなかった。

例えば仏壇の上には「天皇陛下聖寿万歳」の位牌を飾って朝晩礼拝を強制した。毎正月一日になると、三十六本山住持たちが着飾ってソウルにゆき総督に対して□礼をし、天皇陛下遙拝をするのだった。このような奴隷的行動をしていた。（全部がこうではなく中にはもっとも良心的であるものもあった。）（反日的人格者もあった事はいうまでもないこれは仏教聯合総ム院―民戦に参加している。）

これらのことをみるにつけて、総てが非進歩的で守旧的であった。これを見るに忍びず、けつ然と決意してこれに決別を告げて家に帰って来た。
◎あばらを構えている父のやっている半農半商の手伝いをする。（魚屋）こうして或る日は夜学、研究会をつくって討論会等で農村青年の啓蒙に当たっていた。だが、わが祖国のわが民族は日に日に貧窮して状態をみて考えるとき到底それをみている気持にはならず、苦しみ（懊悩）悲憤して時日を空しく送った。

このとき眼に見えるもの、耳に聞こえるものすべては心を痛め、悲憤させないものはなかった。日本人たちの傍若無人振り、日警の横暴、軍事万能、官吏万能的行動に対して—武官のみでなく、郡守、郡庁官吏、甚だしきは学校の教師までサーベルを下げているのをみることは悲憤せずにはいられなかった。

◎一九一九年（二一歳）

このとき丁度「三・一」独立運動が全鮮にわたっておこった。

（三・一革命の描写）

農村にいて表面的な胎動はなかった。

抗（反〔訂正〕）日意識はますます大きくなり、また、日本人たちに家屋、土地を奪われ悪政に耐えられずして日本へ同胞たちが流れて行った。

祖国に貢献するならば、識見を広めなくてはならず、また、敵状を知ることも出来るし、または日本の革命運動（意識）を昂揚させることの意義について確信を抱いたのは、このとき丁度日本では米騒動が起り、これは革命的であったがためになお自信を強めた。

かくていろ〳〵な条件は悪かったが、それを克服してけつ然死ぬ覚悟を固めて二三歳のとき。（一九二二年）日本へ渡った。

二一歳のとき郷里で結婚。同里の李氏を迎えた。—長女金山、長男は腹の中にあるのをみて二三歳で日本渡航。

母や妻にも別れることになり、出かけるといえば母にこういった。

「私がもし祖国のためにどこか外国へでも行くとしたらおかあさんはどうしますか。」

「わたしはもう年寄っているし、孝行はもういいお国のためにこれが少しでもよくなるためになら行きなさい。」と涙を流して許してくれた。

そして妻には若し私がいないときには「自由」ですといいおいた。しかし、出発の日はいわずにいた。

母　ひびのの《ママ》入った食器で食べ物は少なかった。珍しい食べ物は必ずとっておいてくれた。外にいて帰るまではいく日もとっておいてくれたものである。

母　獄中にいても思い出すのは母であった。鉄窓からわずかにみえる雲を眺めても母の健康を祈った。ああ母よ……

五月のある日、自分の身のまわりものをすべて焼き払った。何かの手掛かりとなって家人に迷惑を掛けないよう。

そして家を出た。こうして出で行くとき、我が祖国の独立が完成しなければ死しても帰らない決心を固めた。

旅行証明書のために連絡船に乗ることができない。そこで洋服を買ってきて日本人に化けて乗船した。

かくて船は祖国の山や河やを後にしていく。甲板のの《ママ》上で祖国を眺めたし、祖国よ、安寧たれ、と何度も心に呟いた。独立の旗を持ってくるであろう。それまで待て；

船が離れて祖国の陰が雲にかくれて見えなくなった。眼には暑い涙がわけもなく流れ出た。

乗船警官（朝鮮人）に発覚した。

「旅券はあるか？」

「ありません」

「それで」

「海産物のことでゆく」

「まあ、いいそこで待っておれ」

といううちに乗客が降りるのでそれに混じって逃亡した。

（第一部　終）

第二部（日本）

日本へ！　大阪―京都をへて東京へ―各地をまわってみる。

下関で降りてみたとき―日本の最初の印象―それは驚きであった。―立派な建物もあれば立派な服装をしている人もいた。しかし、一方人力車夫など比べてみたとき、その貧富の差の甚だしいことに驚いた。これでは日本は弱い。強くない！　という自信を得た。特に京都はキレイな都であったが、乞食の多いこともまた格別であった。渡日前までは日本はどんな強壮な国であろうかと考えていたが、乞食の多いことをみたとき、これが日本か、こんなことをしている日本人が朝鮮へ来てあんなに威張っていたのか。―そして私はその貧しい哀れな人々に同情を禁じ得なかった。彼等も圧迫されている。

この貧富の差は革命の要素である。かくて東京へ来た。―夜間中学、語学校、図書館、博物館―こうして一日三カ所の学校へ通った。

上野で下宿―各種の主義―アナーキズム、サンジカリズムなど―の旋風―各地にストライキ勃発。―第一次世界大戦のあとを受けて騒然たる社会不安。プロレタリア運動らんじゅくせんとする。―普選運動。等をみることができた。

◎当時の在日朝鮮人問題―東京留学生独立事件裁判、梁権煥が親日派の閔元植を殺害した事件等がおこっていた。閔元植は東京ホテルに宿泊し、独立運動を進めて自治運動をせよ《ママ》う唱えていた。

李判農が五、六人の日本人を殺傷した事件（李判農は電車の車掌をしていたが、彼等の朝鮮人に対する侮蔑が甚だしいので□狂のように彼等を殺傷して歩いたのである。）

当時在日朝鮮人団体としては、朝鮮留学生会があってキカン紙『学之光』を発行し、キリスト青年会とその会館があるくらいのものであった。

言論キカンとして「大衆新聞」（韓字）があった。金若水の主幹―共産主義的啓蒙紙。韓民主党中央幹部であった。今は民衆同盟をつくって民戦に対抗的に出ている。

　かくて朝鮮人学生運動も活発となっていた。

　翌年の（一九二三年二十五歳）夏には新潟信濃川水力工事で朝鮮人労働者を多数虐殺して川に捨てた事件があった。―監獄部屋の虐待―世間の耳目を驚かせた。

　そのときの事件の真相を確かめるべく朝鮮人虐殺事件調査委員会をつくった―私もその委員の一人だったがその委員の中では女性で現在の民主女性同盟委員長劉英俊も加わっていたと記憶する。この調査団を新潟へ派遣し、その工事場の請負者を調べた結果、虐殺されたものもあり、現場でリンチにあったものも沢山あった。そこでこの事件は各新聞に報道されて一□の与論を提起した。この事件の対策のためには本国からも満洲からも代表がきたものである。それで関係当局者や業者たち今後《ママ》はこのようなことのないようにという証明をさせた。適当な賠償もあった。

　その後このような事件が北海道その他各地に起こった。

　かくてこれらの労働者は自己を守るために自分たちの団結を意識するようになって、これらの人々によって労働組合、共済組合、民族団体等が各地において自然発生的に起こるに至ったのである。

　その中においても最初に東京で「在東京朝鮮労働同盟会」が生まれた。―執行委員として働く。これの組織構成は主に自由労働者であった。

　この同盟は共産主義的影響下にあった。私は学生運動にも参加し労働運動にも参加した。この年、正規の学校としては日本大学専門部社会科に四ヶ月通った。

　そうしているうちに、九月一日大震災おこる。この震災のために火災がおこり、関東地方は大被害を蒙る。警察力とか支配者たちではこの混乱を防止することがむづかしかった。このときわが朝鮮民族―特に労働者と日本の労働者と被抑圧人民の反抗けっ起を怖れて無ごう《ママ》な我が同胞に虐殺を加える。卑怯極まる方法によって、これを防止したのであった。これは彼等の軍国主義的常とう手段である。

虐殺の真相は言語に絶し、これは日本政府の指令下に行われたことは事実である。当時の警保局長が山口《ママ》県知事に下した命令に、朝鮮人が暴動をおこしており上海から侵入する憂いがあるから、機□の処置をとれ、というものが出ている。埼玉県の某郡長は各町村長に指令をして、曰く朝鮮人が襲撃してくるからみんな準備して適当の処置をとれ。こういううちに戒厳令が布かれた。東京市内においては亀戸警察署では中村中尉の指揮の下に共産主義者と無こう《ママ》の朝鮮人を多数射斬殺した。

警察とその補助キカンである自警団があって、各地で実に惨虐な手段をもって朝鮮人を大量的に虐殺した。この虐殺された同胞たちはいづれも何も知らぬ無こうな人々であった。そこにはいろ〳〵な（理由）があったが、朝鮮人が井戸に毒を投じるとか、暴動を起こすとか、爆弾をなげるとかの流言があったが、それはみな空言であった事はいうまでもない。なかに喉が渇いて井戸の水を求めた人をも毒を入れるといってこれを虐殺し、ビスケットの缶を持って歩くものを捕らえては石油を入れて歩いて放火したといって虐殺し、リンゴを持って歩くものを見てそれが爆弾であるといって虐殺した。

このようにして各地で無実の人々が虐殺にあった。私も本郷真砂町にいたが、このとき二度も捕えられた。一度は警察に入れられていたが、警察が火災にあったので釈放された。そして小学校へ避難して寝ていたところ、警官と兵隊（着剣）の四人が来て、警察へ縄で首をしめて曳いていった。途中では石を投げられ、殴られ、熊手で襲う群衆。—そして本富士署へいったがそこには同胞がすでにいて、かれは硝子壜で顔をめちゃめちゃにされていた。この人々が無こうな人々であったのだ。私の外四寸（従兄弟）徐鎮文は真砂町で煙草のためのマッチをみて、放火のためだといって警察へひっぱていゆき《ママ》、自警団たちの手でめちゃめちゃに殴られて、血だるまとなったものである。

そこにいる人々はトラックで駒込の病院へ運ばれてゆかれたが、その途中でも自警団たちのために槍でさされたり熊手で突かれたりしたものだ。

深川等では、大量的に鳶でやられた。上野公園では槍で突かれ、なかににんしんしている女の腹を突いて胎児を引き出したりした。荒川土堤では赤羽工兵隊がそこに避難している同胞を大量的に虐殺した。死骸をそこに積み重ねておいた。

京浜地方でも多数殺された。特に神奈川区〔橋カ〕本町では朝鮮人を電柱にしばりつけておいて槍で突き殺した。鳶で突いて殺したりした。沈在善という人は、自警団にもっている金鎖と時計などを奪われて殺された。

かような惨虐を行ったものである。東京では学生が騒いだので外をみたために射ち殺された事もある。

このような惨虐なことがあって、これを調査するために調査委員会を組織したが、当時戒厳司令官福田雅太郎はこのような結社は許さずというので、罹災同胞慰問班といった。この慰問班は慰問という名目の下に同胞の慰問を兼ねて、その調査をした。この慰問班の事務所は大塚坂下にある天道教宗理院においた。その委員が多数あったが私もその一人であった。その他朴恩稷等数名であった。毎日日本人に化けて歩いた。変装変服、戒厳令下で危険を冒して調査事件を担当し、これは関東一円全体に亘った。被虐殺者は当時の統計では六千十三名、重軽者数万であった。その後なお被殺者は出てきたが私は詳しく知らない。屍体を探したり、数を調べ上げたり、—その後毎年追悼会を開いた。これは闘争的にこの日は必ず警官隊と衝突して重軽傷を出す□□すのが恒例になった。

この事件において私に感ずるのは、当時の被殺者がすべて労働者であり、学生であり、金のある資産者は殆どなかった。この事件を見てもっとも悲惨な境遇にあるのは労働者たちであった。特にわれわれはこれを記さなければならぬ。

このときから私はこのような悲惨な境遇にある労働者を先ず団結させなければならぬという考えの下に学校も止めてしまい、専門的に労働運動に従事する事になったのである。

［欄外］

□年震災後に朝鮮人迫害は全国的□した。このとき小樽高商で朝鮮人と無政府主義を仮想的《ママ》とした軍事演習をした。全国的に抗議がおきたり総同盟でも小樽へいって謝□をうける。

このとき私は共産主ギこそが人類を解放するものと確信した。そしてこの実現のために戦い抜くべく決意した。我が祖国ならびにあらゆる民族を解放するためにはこれのほかないと確信した。

実にこの関東大震災を契機として労働運動は大弾圧を受けることになった。それであるから運動者のうちの動揺者たちは故国へいったりして、脱落していった。だが、私は故国へも行かず、あくまで日本で労働運動をして東京に踏み留まった。そして東京ばかりではなく、神奈川県下にもいって組織に着手した。横浜へいっては即時には労働組合をこしらえるにはむずかしいので、共済組織である共助会を組織し、労働者と当時の飯場頭たちを加入させた。先ず、啓蒙運動をはじめたが、これは民族独立意識昂揚、階級意識高揚、生活上の共済の仕事をした。だが、これは雑色組織であるから結局は成功することができず、それで行き詰まったのである。困難に逢着した。

　この情勢を把握した私は本質的に神奈川県全朝鮮人労働者を網羅して労働組合を組織するという決心を持って、そんなに色彩が鮮明ではない朝鮮人愛護会、朝鮮人同志会等を全部統一合同して神奈川県朝鮮合同労働会を組織した。その後、この会は神奈川県朝鮮労働合《ママ》と名称を変更した。—私は創立者の一人として、また執行委員の一人として仕事をしてきた。これが合同するときに、このような色彩不明な協調的組織を廃止して、本質的階級団体である労働組合をつくったので県庁警察部は干渉し、これを妨害し共助会長、同志会長を招致しし《ママ》て威嚇して合同を妨害したが私の全面的な活動によって警察側の妨害は失敗し、結局は成功したものである。特に記することはこの年五月一日のメーデー闘争において、日本各労働団体が主催するとき、私はそのとき神奈川県朝鮮合同労働会準備会という名をもってメーデー主催団体に加名《ママ》した。—メーデースローガンを□あるとき、私はそのスローガンの一つに「帝国主義植民地を放棄せよ」というのを提出して通過させた。各団体代表が県庁に行って、このスローガンを定めたと通告したところ、当時の特高課長安井という警視が怒ってこれを認めなかった。だが私は飽くまでこれを掲げて戦うと主張して戦ったが、この年はこれは通過できなかった。当時の情勢にあってこのようなスローガンを提示した事は事実爆弾的なことであった。かくて日本当局の私に対する圧迫は強まってきたが私は折れなかったのである。

　（震災前）東京労働同盟の創立されたとき、大阪では大阪朝鮮労働同盟会、神戸労働同盟会が出来た。東京では同時に南部地方で朝鮮労働共生会が出来た。

一九二五年春には日本に散在している朝鮮労働同盟を網羅して在日本朝鮮労働総同盟を組織した。これに参加したが、それを組織するときに費用がなくてみんなオーバ《ママ》を売って費用に充てた。私のオーバは一八円かになったとおぼえている。かくて同年の第二回全国大会において神奈川合同労働会が総同盟に参加し、私は中央委員の一人となった。そして日本各地の組織強化に乗出した。

一九二六年には関東地方に散在する各労働組合として在日本朝鮮労働総連合を組織してその会長になった。この年の夏には日本の労働組合評議会主導の下に浜松市の楽器会社の大ストライキが起った。このときわが労働総同盟では争議部では楽器争議応援隊を派遣して応援した。

◎一九二三年に組織された李起東を会長とし、朴春琴を副会長とし、朝鮮独立と社会主義を反対し、日鮮融和と労資強調、ストライキ破り、争議妨害を目的としてそれを事業とする民族反逆者団体「相愛会」が組織以来各地において労働組合と暴力的に挑戦して衝突した事件が沢山あったのでこの相愛会は全朝鮮民族の敵であり、労働者の敵として憎悪と排斥をうけた。この相愛会が金に売られて〔買われて〕ストライキ妨害者となって楽器争議まで妨害態度と行動を取るにいたったので、総同盟争議部長金某が浜松へいって争議団を応援したが、この応援を妨害するためにわが争議部長金某を自動車で拉致して相愛会本部へつれていって被害を加えたのであった。

労働運動は止めるという誓約書まで強制的に書かした。警視庁はこれを傍観の態度をとっていた。このとき相愛会は総同盟・関東連合の事務所（淀橋　戸塚にあった）を襲撃した。事務所にいた同무〔同志〕朴泉外数人に重傷を加えた。また襲撃されたときは私が防衛隊長となって昼夜にわたつて

防衛したこともある。このときも危険を恐れたものはそれをさけたが私は数人の友とともにこれをあくまで防衛した。相愛会は警視庁の応援の下に行われたことは明らかである。

◎一九二五年四月一七日朝鮮海外海内労働団体、農民団体、青年団体、婦人団体、文化団体等の団体を網羅した民衆大会が開かれその土台の上において朝鮮共産党が組織された。このときが《ママ》総同盟でもこの大会に参加した。

◎一九二六年六月十日、朝鮮の前国王隆熙帝の因山（葬式）を期して全朝鮮で独立万歳を唱え独立を要求する大示威運動を共産党権五高等の主導下に全鮮的にけつ起を計画してけつ起したが前光武帝因山式当時の三・一運動に極度に恐怖した総督府は前もって鉄桶の如く警戒し共産党をはじめ各団体指導部を検挙したためこの運動は所期した如く大々的な闘争として現れることは出来なかった。その質においては高く大きく評価すべき効果を収めた。このとき日本においてもわれらは各地において集会を開き、また望哭という形式で朝鮮と呼応して独立運動を小規模ながら各地でやった。それを宣伝につとめたのである。私も総同盟連合会会長としての活動を行った。

◎一九二六年十一月神奈川県で日鮮融和を目的として県知事を会長とする内鮮協会主催で独立反対、日鮮融和の講演を松田小学校でしようとする李東華、姜某等数名を招致してそれを中止させた。このために小田原裁判所から脅迫という名目で小田原刑務所に収容された。一年六ヶ月の懲役をうけた。横浜地裁に控訴した結果、懲役三ヶ月をうけたが未決に六ヶ月もいたので未決通算してみると懲役がなく出た。

◎一九二七年七月

在日本朝鮮労働総同盟神奈川県朝鮮労働組合委員長となる。この前の四月に総同盟大会で委員長候補となったが、神奈川県の組織を強化するために辞退していたのである。こうして神奈川県に一年いた。

一九二八年五月の大会で総同盟執行委員長に選任し、争議部長を兼ねた。

一九二八年五月朝鮮共産党日本総局の一員となる。入党。日本総局の責任秘書韓林が検挙されて朝鮮押送されてからは宋昌濂がその代理をしていたが彼も危なくなったので避身し、同六月、私が責任秘書となった。

同年八月、政友会田中内閣山東出兵を《ママ》反対し、朝鮮増兵に反対する闘争を大衆的に展開した。同年は特に八・二九国恥記念、九・一記念闘争を各地で展開した。その年には危険といれ《ママ》ている新潟地方鹿瀬水力工事へ単身乗込んで、解雇反対と待遇改善、賃金値上げ、解雇手当の要求闘争をして勝利した。

一九二四年から一九二八年までの間は労働者啓蒙と宣伝組織に全生命を投じて熱中した。当時の生活は一日飯を一回ありつけば上等の方であった。服装たるや話にもならず、寝るときは布団の上に寝たことはめったになく、座ったまま寝たことがある。この苦労を共にしたのは死んだ徐鎮文をはじめとする横浜の同志たちであった。権一宣等もその一人。うちいま生存しているものでは、脱落しているものが多い。いま朝聯で活動しているものもある。活動地域は東京、横浜、静岡、名古屋、京都、大阪、北陸、信越、東北等全国に亘って、同胞労働者のいるところには必ずいった。当時乗物はなく、一日十里、十五里を歩くことは当然と考えている。この熱意に動かされてはじめは反対していた労働者、飯場頭もついには私を支持してくれるようになった。

だが一方、敵の攻勢も激しく、警察の干渉は募った。検束拘留のごときは数百度に及んだものである。拘留の期限は二十九日しかないにも拘らず、一ヶ月三ヶ所の異った警察で拘留を言い渡されたこともある。震災前これは保証金、正式裁判ということで出てくるか、一ヶ月九十日近くも拘留を言い渡されたものである。

うち、横浜の戸部署に捕らえられた時は正式裁判を要求して区裁にいった。職業は労組の役員でこれは立派な職業である。にも拘らず拘留を言い渡すことは怪しからん。労働者のために労組の役員は私にとって最も立派な天職であると思っている。

「それなら乞食も職業ではないか」

「検事にして何故そのような非常識なことをいうか、動物愛ゴ会につとめているものもそれをば職業であるのに、労働組合の役員を乞食にたとえるとはなにごとか、労働者を侮辱するものである。取消せ」と迫って、無罪になったことがある。

当時は労働者を組織するばかりではなく教育啓蒙運動も行った。どんな山の中へ、どんな少数のいるところでも出掛けたものである。そして朝鮮の利益であるならばこれは如何に小さなものでもこれを戦いとった。生業者には職を、不法検挙にこれを奪還したものだ。―朝鮮人生活―夫婦喧嘩―男女関係までも私は引受けてこれを解決した。――だが私にとってこの時代が一番苦しかった。五銭や六銭の車賃がなくて三里、四里の道を歩くことは平気なことであった。

だが、これが朝鮮民族とその労働者のためと考えれば少しも苦しくなかった。苦しかったがまた一番楽しい時代であった。勇気も出た頃だ。警察に捕えられればテロにもあったが、そこを出ればその門からまたすぐに活動をつづけることができた。最も甚だしい反動の親方でもない限り、私は愛された。かくて私は全国どこへいっても友ありで少しも怖いものはなかった。例えば朴春琴は山の中へなどはゆかれなかった。だが私はどんな山の中でも単身出掛けたが、同胞は同胞愛をもってすぐに集会をもってくれた。

◎日本においては一九二六年頃は婦女団体としては僅友会があり、興学会があり、これらは朝共日総局の影響下にあった。

◎民族団体としては、朝鮮では一九二六年に民族共同体として新幹会が生まれた。これは民族の統一を目的として民族の総力量を集注《ママ》しようとしたが日帝の圧迫干渉のために一九三一年正式解散された。この会の各支部が日本の各地にもあって相当の働きをした。また東京には在東京無産青年同盟が〔あ〕り、在東京朝鮮芸術家同盟があり、それらはみな朝共日総局の指導下にあった。

局下に高麗共産青年同盟には日本支部があった。

こうしてこの二つ組織《ママ》が指導的役割を果した。

一九二六・七年頃には流行の福本イズムというものがあったが、これに日本の運動は害を蒙り、朝鮮人運動にとってもこの害は多少あったが、それも克服して国際路線にしたがって、日本共産党と提携の下に、在日本朝鮮人運動を押しすすめた。本国における第一次共産党検挙事件（一九二五年一二月）それから一九二六年六月一〇日を前後する第二次検挙事件、一九二七年二月事件、一九二七年六月事件、一九二八年四月事件、一九二九年四月事件等などによって在日運動はその度毎に打撃をうけたが、しかし、その度にこれをよく克服して再建したものである。朝共のキカン紙大衆新聞理論闘争等を日本で発行した。任務遂行に努力してきた。所期の成果は収めることはできなかったが、その効果は相当に評価しなければならぬ。

私は当時一九二八年日共の有名な三・一五事件がこの年で四月からわが総局におこった検挙によって主たる同志は身辺を警戒して亡命し、或いは地下に潜っていった。けれども私はなおも日本に留まって亡命もしなければ逃避もせず日本各地の労働者を組織その他の運動を指導した。

◎共青から「青年朝鮮」を発行

労働総同盟では「朝鮮労働新聞」を発行

◎同年十月二十一日横浜から東京の在日本朝鮮労働総同盟へ向う途中品川駅において横浜からの尾行と東京警視庁の尾行と交替するとき、刑事が三人ばかり出てきて「警察までゆこう」とつれられていった。高輪署に留置された。

同年には日帝裕仁の即位があるというので、そのときはやたらそれを口実として日本の指導的労働運動家や革命家たちを無数に検挙し、朝鮮の活動分子を数限りなく検挙するときであった。私もこのときに検挙される予感があったが、亡命しようと考えたが「なーに頑張ってみようという決心をして最後まで踏み留まった。

そこで逃亡する隙はないかとみたがそれもないので駅でハガキを書いて横浜へ知らせて奴らに引張られていった。

翌日からは全身を縛っておいてごう問にかけられた。若林類太郎警部補によってなされた。三日の後には六本木署に移され青山署にうつされそこからまた麻布鳥井坂署にうつされた。ここで越年をしたが、そのとき丁度ごう門《ママ》と留置場の不衛生のために、青山署にいるとき赤痢にかかっていた高熱が発して全身衰弱した。でも彼等はこの病気を外部へ発表せず、そのまま市役所に話して、市の伝染病院へ入れられて十五日後留置場にもどった。この署に留置してから二月になって検事局に移した。

このとき（一月）横浜労働会の常任委員で私の最も愛する徐鎮文同志がやはり検挙され、加賀町署で拷問のために死にかかって釈放され、数時間を経ずして死んでしまった。この同志は地味で組織にとって必要な人物であった。神奈川県労組の組織を鞏固にし、在日労総の中でも有能な同志であった。—いまでも想い出されてならぬ。この同志はいま故郷に娘が一人ある。

私と宋昌廉濂、金均、李学順などの三十余人の同志が検事局から市ヶ谷刑務所に（投獄）された。

◎刑務所にいってみると日共党員、朝共党員も多く、中共党、台湾共産党も混じって共産党員で刑務所は一杯であった。私は同志数名と二畳敷の部屋に投げ込まれた。

書物ばかり貪り読んだ。（つまらないものではあったが）一週間に二回風呂に入れてくれたが時間が短いので（一五分）これを闘って三〇分にしてもらった。運動は日に三〇分以内。

獄中の印象と感想—苦しいというよりも憤慨に堪えなかった。彼等のわれら朝鮮に対する侮辱的態度、不法な無礼に対して—。

◎一九三〇年。だん〳〵おるに従って日本共産党員と中国共産党海外特別支部員達、高麗共青たちと連絡がとれるようになって共同闘争をするようになった。待遇について、メーデーについて。

このとき（一九二九）元山にゼネストが起きて、獄中も呼応して激励代表をおくるよう外部へ連絡した。

同年十二月光州学生事件が起こったときも獄中からこれを応援し、日本当局へ抗議した。獄中においてこの闘争以降は、身体衰弱し肺腺炎まで生じ、一身は医官も心配したが、これを押して獄中闘争を継続し、身体はいつかよくなって医者も奇跡的だと驚いていた。

予審がはじまり、同年四月二十二日これがおわった。これがおわるまで朝共総局、高麗共青のなかに一人の脱落もなく戦ってきた。秦某の態度が一人すこしあやふやであったが僕から意見されてこれも間もなく正常に還った。同志の態度を失わなかった。同年のメーデ《ママ》には三国共産党員が獄中で連絡も示威をおこなった。メーデー歌を唱え、メーデー歌を唱えて約三〇分間示威を行った。

同年十月一日東京地方裁判第七刑事法廷で第一回の公判が開かれたが、全同胞同志の共同審理を開いた。同志たちが違にあって喜ぶ。そして同志一同はわれ〳〵同士《ママ》一同は強盗的日本天皇の裁判所はわが朝共員に対して裁判をする資格はない。「汝等こそわれわれの裁判を受けよ！」と全同志が怒号した。裁判長神垣秀六は看守と廷丁に命じてわれ〳〵の身体を拘束しようとした。それを防衛的椅子をもって裁判長席へ向って投げつける同志もあった。日帝主義打倒、朝鮮独立万才、朝共万才を盛んに叫んで一大示威を行った。そこでわれらと彼等との間に一大乱闘が展開された。法廷はそこで滅茶滅茶《ママ》なってしまった。われわれは看守廷丁のために多数の負傷者をも出した。これでその日は裁判所から監獄へ帰ってきた。

その後は共同審理を止めて各被告を分離して審理を始めた。最初は弁護人が二十名も並んでいた。上村進、布施辰治、青柳盛雄、河合篤ほかであった。

これは非公開の暗黒審理であった。

われ〳〵は共同審理を要求し、証人として徳求《ママ》、佐野学等を求め、朝鮮の朴洛鐘氏等を求めたがこれは却下された。私のいうことは朝鮮に対する支配を撤廃し、日軍を撤廃しろと叫ぶのみであった。「汝等の問にはこれ以上答えはない。汝等の勝手にせよ」と審理を拒絶した。

一九三一年翌年の四月に公判ががすみ私は懲役五年、金漢郷は七年（いまは転向して朝鮮で大和塾の役員にまで脱落していまは謹身《ママ》しているという。）等それぞれの判決があった。私たちは無罪を主張してすぐ控訴した。この裁判のとき在日の同胞たちは熱烈にわれわれを応援して衣服その他あらゆる面にわたって救援をしてくれた。なお、日本の同志達も民族と国境を越えて心から救援してくれたことは今も忘れられないものである。

一九三一　このとき三信地方で朝鮮同胞達が約一ヶ月に亘って賃金支払、待遇改善、解雇反対等の要求を掲げてストライキをやって警察隊と衝突して死傷者を出し、ケイサツ隊百余名の武装を解除し、署長を詫びさせた。このときも獄中から適当な指導を与えた。浦賀ドック争議にも。

同年八月二九日の国恥記念日の記念闘争は獄内において日共、中共の同志たちと連絡をとって、かつ獄外　集まった朝鮮の大衆と呼応して、「日帝打倒、朝鮮独立万才、帝戦反対、中国革命支持、ソ聯擁護などスローガンを唱えながら演説、歌等の一大示威を行い全監獄がしんかんした。」所長、典獄等はなすところを知らずあわてたものである。そしてその夜は誰も何ともすることができなかったが翌日看守長は私を呼び出して「昨日は何をやった」というので「国恥記念闘争をやった」「どんなことをとなえたか」「日帝打倒朝鮮独立万才をやったのだ、日軍即時撤退をやった」「もう分かった、その辺にに《ママ》しよう」「いやいや待て、いったことはみんないうから丁寧に書いて司法大臣に報告してくれ」「いやいやその辺で勘弁してくれ」「まあ聞け」の押し問答。

一九三〇年　さかのぼる　国際路線に従って一国一党の原則に従って国内外の同志協議の上朝共総局は日本共産党に合流した。在日労総は日本の全協に合流した。階級の国際体制を完成した。

一九三一年九月十一日　満州事変がおこり、中国侵略反対闘争を獄内で抗議又は示威の形式でおこした。

一九三二年三月　宮城裁判長の下に控訴裁判が開かれたので朝鮮語による陳述を要求して一身の無罪を主張した。これは却下され、各各分離して暗黒公判反対抗議して□……□ハンガーストを決行して無罪を主張し、即時釈放を要求して、―

こうして堂々私は一三日間ハンストをつづけた。そこで全日本の労働者、朝鮮同胞の同情が集まった。一三日目には外部の同志達が身体のため、止めてくれというのでこれを中止した。

そこで公判の結果は前審と同じであったが、未決通算が五百余日であった。―このとき独逸においてはファッズム《ママ》が台頭し、日本においては満洲事変を契機にして軍閥による反動勢力はますます強くなっていた。

△第二審の控訴審も不服で、大審院へ上告した。なお、控訴審理中、われわれの刑務所から裁判所までのみち大衆は萬才を唱えた。そしてわれわれ奪還《ママ》する噂まで立ったので、囚人自動車の看守長は武装（ピストル）して運転台に座っていたし、警察官や憲兵は沿道の要所要所で厳重に警戒した。殊に裁判所の地下室にある被告留置場から法廷に通う通路には武装憲兵が□列してわれわれを監視威嚇した。

一九三三年一〇月大審院審理は棄却された。それから五始《ママ》めには青い囚人服をきせ頭ハ坊主にして汚辱を加えた。一九三三年十一月のある晩、予告なしに□□□から移すといってきた。寝ているものを起こして「これから送る、ゆこう」といって小さい囚人車に私一人を乗せて、武装した看守部長と平服の看守長の二人で上野経由、秋田刑務所へ押送された。十一月ではあったが東北の風は冷たかった。看房《ママ》に入れられた。暗い独房であった。雑役にきた人に共産党員はいないかと訊いた。そしたら朝鮮の同志李雲洙、朴文秉、日共員山城等きているというので私は喜んだ。そこで一週間のちにはこの同志達と連絡をとった。

一一月末の東北の雪は深く、吹雪き、一月、二月は風と雪ばかりの監獄であった。凍傷は手、鼻、にかかり寝ることもできなかった。—歯を噛みしめて忍んだ。同志たちの顔をちらりとでもみることと、風呂と運動が人生の楽しみの楽しみであった。秋田刑務所はわれわれ共産党員には目と鼻先だけしか出さないものを冠せられた。

一九三四年からは同志たちと連絡してレポを交換し、レポをとるため祝の日にくれる餅を雑役にまわしてレポをとった。私は甘いものなどめったに食べることがなかった。仕事は手袋編み、麻つなぎ、布織りなどをさせられたがよくできなかった。それで監獄を出る時は一銭ももらえなかった。

秋田刑務所でのエピソード。—スリ常習犯がいて、歯磨き、歯ブラシ等を提供してくれ、「泥棒にも愛国心はあります。先生どうかご身体を大切にしてください」という紙切れを投げ込んでくれた。

一九《ママ》二九年一二月末頃同志間にレポを交換して、それをあつめて獄内新聞にした。責任者もきめてそれを編集して全部にまわした。互いの情報の交換と政治的水準を高めることにつとめた。それによって獄内闘争方針もきめたりした。ところが互に巧に風呂場、運動場で交換していたが、朝の舎房検査のとき、それは、普通舎房は通ったが特別舎房検査隊が急にきて、その新聞の情報集を発見されて奪われた。当時それの奪還を企て、が二、三人の看守がよってたかって、それは果せなかった。

　そして厳しい汎問《ママ》を受けたけれども、それは自分がほかの人にみせるためだといって他には迷惑はかけなかった。

　それで調べられてから衣服を脱がされた。あの雪の下で全裸にして服のすみずみを検査した。それで懲罰房に入れられた。この懲罰房というところは畳一枚敷きで、そこには便所□……□この穴から吹き込む風は殊に□……□なく入ってくる。部屋は雪で一杯であり、とければ水びたしの部屋であった。―そこで反省しろと彼等はいう。翌年の正月五日（未決）までここにいた。それから教務係の坊主が現れてそのレポを出して「これは何だ」「なに見れば分かることぢゃないか」―坊主はわるかったとは思わないのか、というので「それは手紙の自由だ」―北条という教悔師。

　そこで所長に呼び出されて「これは君の書いたものかね」というので「それは間違いなし」読書謹身《ママ》―「軽度禁」六〇日をいい渡された。

　そして一月二月の寒いときをそこにおかれていた。三月はじめまで寒い苦しいときを過ごした。ときどき呼び出しては詫びれば許してやる、といっていたけれども頑としてきかなかった。そのうちに期日がきて懲罰は解られた。しかし、「準軽度禁」の部屋に入れられてやはり同□達からは隔離された。

同情深い雑役夫―この雑役夫は監獄の花《カ》である。後にきいたことであるが、私の奪還のために余りに大声を出したため、同志山城はそのためにこの懲罰の部屋に入れられた。いまは長い獄中での病気が基となって死んでこの世にはいない。

それから私は準懲罰部屋からもどってからは監獄当局はさかんに誘惑した。『佐野、鍋山など転向証明書を見せて、朝鮮の者もみんな転向した。お前も転向しろ、転向すればすぐに出してやって満洲におく百萬町歩位の農地をやるから、どうか』というのであった。

「何をいうか、人間として俺は売れぬ」とあべこべに怒鳴りつけた。

転向の誘惑はなおもつづいた。本を特別に見せるから、これをみて転向しろという□合に。しかし、私はそれに従わなかった。―時は流れて―満期となって一九三五年一〇月一日に出獄した。

〔以降の原稿用紙は朝鮮民衆新聞社用箋に変更されている〕

ときに反動勢力は強いときであったので私を歓迎してくれるものはないと思っていたところ、青森からも来てくれたし、秋田の在住同胞もどうしてこのことを知ったのか自動車で迎えにきてくれた。―そこで半日を休み、青森にきて一週間をすごし、東北海岸線から東京経由横浜へ帰ってきた。きてみると以前とは違って労働組合もなければ、すべての運動は地下に潜り、表面にあるものは朝鮮人の親睦団体があるのみであった。

そこですべての組織を再建しなければならぬと決心した。

李相昴同□□は獄中から出ているときいていたがそれは死に、権一宣は警視庁のテロのために病気になってたおれた。―その他の同志は何処にいるか分らず残ったわづかばかりの同志を糾合して破壊された組織の再建につとめた。

先づ朝鮮の新聞を発行しようと、同志李雲洙、朴台乙、金正洪、全允弼等と相談して「朝鮮新聞」（朝鮮語で）を発行し、一方では朝鮮人の組織を再建させるために、東京、名古屋、岐阜、京都、大阪を歩いて遊説した。反動のときであったが至るところで歓迎をうけた。次に熱海の同志ならびに同胞達、特に韓徳銖同志の如きは心から私をいたわってくれた。

［欄外］鶴見で夜学を開設、ときの同志としては河宗煥（三・一〇事件で送還）姜昌浩などがいた。

私は一九三六年二月に組織再建と各地同胞状況視察を兼ねて、新聞拡張のために全国を巡回した。―同胞の民族意識と階級意識を大いに昂揚した。大阪に至って盲腸にかかって治療をしていた。しかし、その病気入院中でもなお運動をつづけた。

このときは日本では広田内閣ができて、ここに何十の回を重ねた歴史深いメーデーは禁止された。フランスには人民戦線内閣（ブルーム）が成立し、世界的に人民戦線運動が展開され、各国において人民戦線運動があり、人戦事件として多数の人が検挙され、私も八月の三日に至り、警視庁の依頼によって大阪府警察部の手によって逮捕された。翌日は警視庁から迎えにきたものの手に渡され警視庁に押送された。昨年十月一日（一九三五年一〇月一日）出獄してわずか自由の空気を吸うこと一〇ヶ月足らずして又もとらわれの身となった。—警視庁は私の身柄を東京神田錦町署に投じた。左翼労働組合逮捕と、独立思想と共産主義宣伝、人民戦線宣伝を目的とした新聞を発行したという理由で、私はまた毎日拷問にかけられた。

この拷問のために高熱（四〇度以上）を発して危篤状態にまでいたったが、この錦町署で八ヶ月を経て萬世橋署にまた八ヶ月おかれたものである。計一六ヶ月最後には健康を害し、彼らは検事局におくる理由が見つからなくて困っていたようであるが、検事はついに私を起訴し、身体は無理矢理に巣鴨拘置所に入れた。翌年（一九三七年）十二月のことであった。

［欄外］日帝テロに

今回ケイサツの取扱いは前回よりもなお野バン化していた。反動警察の相を露骨に現し、サギ、拷問の訊問を平気で行った。実に惨虐なる拷問であった。当時捕らえられた同志で拷問をうけぬものはなかった。特に「朝鮮新聞」の責任者である李雲洙は片輪にされた。捕らえられたものでみんなうならな《ママ》ぬものはなく、検事局へまわすこともできなかったので、彼等は太陽浴というといいが□ざらしにして送ったものである。

予審にまわったが李雲洙は病気のために保釈となったがその拷問が因となって遂に死んで

［中欠］

所に移送された。ここに二年余をすごした。ここでも彼らは戦勝祈願のためといって、伊勢神宮に詣れといい、献金を強要したがそんなも《ママ》は勿論拒絶した。—仕事としては軍手編みをやらされ、一日二〇足を強要したが、五足か一〇足しかやらなかった。厳正独房の悲愁—ここに思想犯も若干あったが、これはみな転向し、私一人であった。そして独房から扉のそば他の囚人を呼んでは食料の改善、読書の自由等の闘争をやった。そして本願寺の坊主だけが教悔師あ《ママ》ったことに対しても反対した。これは教悔権独占に対する反対であった。ここは暖い土地ではあったが比エイ嵐とビハ湖の水気のために相当に冬は寒かった。—監房の汚いこともお話にならなかった。便所は素掘りの穴をつくってそのままにするので、夏になるとウジ虫が部屋中を這回り、百足、トカゲ等が現れるのにはまったく参った。これには日警の拷問よりもなお、弱さ《ママ》れた。

　二年ここにいる間にもっとも悲惨だった事件が二つあった。それは森口典獄のときで、京都にいる金泰眞（二十四・五才）という同胞の窃盗初犯のものが入ってきた。彼は初めて監獄にきたのでおどろいてしまい、精神異常を来した。しかし、彼のこの病気は適当な医師にかかれば直るほどのものであった。かれはいつも出してくれ、釈放してくれといって大きな声で歌を歌った。それで彼は軽廃禁房に入れられて、飯もろくろく食わず、身につけた衣服、夜具などを引き千切って糞を房中にたれて、糞まみれになって歌ばかりを歌っていた。—これでも彼等は彼を入院させ治療させようとはせず、そのまま放置していた。一九四〇年の七月二二日から同年一一月一三日までそのまま彼を裸のままにおいて、寒さと病気に耐えられず、一三日の早朝、私から遠くないその部屋で息を引取る。すすり泣きが聞えた。彼等は私にこれをかくそうとしたが、彼は遂に死んだ。—彼は刑務所の医者にも見せられず、こうして殺された。彼はどういう犯罪をおかしたにせよ、同胞の一人である。私の怒りは

〔後欠〕

あとがき

私が金天海に関心を持ち始めたのは五〇年ほど前のことである。当時在日朝鮮人の活動家や朝鮮問題に関心を持つ日本人に話を聞くと金天海の名が出てくることが多かった。しかし、彼が書いた文章はなくイメージが湧かない。そこで彼を知る人から話を聞いたりした。正確に記録に残せなかった場合もある。韓国に行って朴広海の証言に基づいて金天海が修行したとされている通度寺（韓国の有名な古刹）にいき、同寺の博物館の方に彼の存在を聞いたが不明であった。また、彼が入学したとされる中央学林（現東国大学）にもいき、親切に調べていただいたが彼の名は無かった。その後、彼が修行したのは自伝記録では智異山の霊源寺であることがわかった。ここを訪ねたのは二〇一三年五月になってからであった。しかし、ここは解放後のパルチザン弾圧の過程ですべての伽藍は灰燼となっていた。一部再建されているのみであった。この時は目立った成果を得られなかった。こうした試行錯誤の繰り返しが多かった。

今後の課題は多いが第一に共和国にあるといわれる金天海の墓参をしたいと思うが可能かどうかわ

からない。また、韓国での北越者に対する評価が変わればお話を聞きたい人々もいる。

金天海について調べはじめたのはこれほど在日朝鮮人に「神様」のように愛されていた彼の在日朝鮮人観や運動の考え方を知りたかったからである。まだ、十分解明されたわけではないが彼が大切にしていたのは在日朝鮮人の生活とそれに基づく要求を良く聞いて行動していたことである。これは私自身の在日朝鮮人史研究への励ましとなった。私は特に在日朝鮮人の生活史に関心を持っていたからである。在日朝鮮人の運動は生活に対する抑圧への抵抗が中心であり、生活史の研究が必要と考えたためである。在日朝鮮人の生活は民族的な差別と密接不可分な関係にあり、金天海の考え方がさまざまに参考になった。また、この小論では究明できなかった不明の事実やこれから解明しなければならないことも数多くある。今後の課題としたい。

なお、この金天海についての小論は私は日本人として彼を知るために書いたもので、日本人が彼の行動から学ぶべきことが多いと考えたからである。これとは別に韓国・朝鮮人が金天海論を書くことによって新しい視点から多くの視座を提示していただけると考えている。

この金天海に関する調査の過程で実に多くの方にお世話になった。古くは故人となられたが朴慶植先生、金広志先生などから御教示いただいた。この他にも多くの在日朝鮮人・韓国人から学ばせていただいた。こうしたことがなければ本書を完成させることはできなかったであろう。また、今井清一先生など日本史の研究者にも多くを学ばせていただいた。

韓国の親族の方や蔚山の地域史家の人々、許英蘭氏、先行研究者である金仁徳氏、韓国の事情をよく知る野木香里氏、日本では「在日朝鮮人運動史研究会」の山田昭次先生や金天海についての報告を聞いてくれた会員・金浩氏、龍田光司氏などの皆さん、同様な意味で『海峡』同人の井上学氏には戦後共産党関係資料の提供と教示を受けた。自伝記録の山城が山代吉宗であることも彼の指摘で知ることができた。曺貞烈氏は朴広海の朝鮮語の混じるテープの解読などでお世話になった。滋賀県立大学の河かおる氏にも朴慶植文庫のことで教えて頂いた。金天海の自伝的記録の第一発見者である水野直樹氏に感謝したい。金天海と共に住み、解放後に民衆新聞の刊行を刊行していた李溶極氏には他で聞けないようなお話をしていただいた。お名前は明かせないが同様にお話を聞かせていただいた方々もいる。金栄氏には金恩順についての基礎的なことや、金天海の墓地などについてお教えを頂いた。

韓国の図書館、日本の図書館などの方々にもお世話になった。また、調査にあたっては、なんの履歴のない老人に親切にしていただいた。深く感謝したい。

最近のことではあるが、金天海については趙景達氏等が編集された『東アジアの知識人』第四巻、有志舎、二〇一四年刊にも書かせていただいている。感謝とともにこれも参照していただければと思う。

現在の出版事情が厳しいなかで出版を受けていただいた社会評論社の松田健二、新孝一氏にはお世話になった。記して感謝申し上げたい。

樋口雄一（ひぐち・ゆういち）

1940年生まれ。
高麗博物館館長　在日朝鮮人運動史研究会会員
著書『協和会――戦時下朝鮮人統制組織の研究』『戦時下朝鮮農民の生活誌』（社会評論社）、『日本の朝鮮・韓国人』『日本の植民地支配と朝鮮農民』（同成社）、『戦時下朝鮮民衆と徴兵』（総和社）ほか
共著『朝鮮人戦時労働動員』『東アジア近現代通史5』（岩波書店）、『東アジアの知識人4』（有志舎）、『「韓国併合」100年と日本の歴史学』（青木書店）ほか
論文「植民地末期の朝鮮農民と食」『歴史学研究』2010年6月号、ほか
資料集『協和会関係資料集1～5』『戦時下朝鮮民衆の生活1～4』（緑陰書房）ほか

金天海　在日朝鮮人社会運動家の生涯

2014年10月10日　初版第1刷発行

著　者＊樋口雄一
装　幀＊後藤トシノブ
発行人＊松田健二
発行所＊株式会社社会評論社
東京都文京区本郷2-3-10
tel.03-3814-3861/fax.03-3818-2808
http://www.shahyo.com/
印刷・製本＊倉敷印刷

Printed in Japan